LES COULISSES DE L'INTELLIGENCE ÉCONOMIQUE

Du même auteur

Le grand Bazar : pendant la croisade les affaires continuent, avec Bernard Brigouleix, Éditions Michalon, 2003.

Question(s) d'intelligence : le renseignement face au terrorisme, Éditions Michalon, 2004.

Caviar Grillé, roman, Éditions Michalon, 2006.

Suivi éditorial : Sabine Sportouch
Corrections : Catherine Garnier
Maquette : Annie Aslanian

ISBN : 978-2-84736-388-3
Dépôt légal : septembre 2009
N° d'impression : 09-3153
Imprimé en France par Normandie Roto Impression s.a.s., 61250 Lonrai

Bruno Delamotte

LES COULISSES DE L'INTELLIGENCE ÉCONOMIQUE

nouveau monde éditions

Avertissement

Les noms de personnes, de sociétés et de pays ont été déguisés, sauf dans les inserts en italique où les vrais noms ont été conservés.

Pour TTC, qu'ils comprennent.
À NB, mon successeur ?
À INX203 qui sait pourquoi !

La plus grande des immoralités, est de faire un métier qu'on ne sait pas maîtriser.

Napoléon

Introduction

— Bonjour, c'est la police !

La voix dans l'interphone est forte, légèrement rocailleuse. Elle ne laisse pas la moindre place à la contestation. Ils sont trois. De jeunes officiers de la police judiciaire. En civil, décontractés. Leurs petits blousons de toile dissimulent mal le gros pistolet automatique Beretta qu'ils portent à la ceinture de jeans élimés ; l'insigne de leur service est fixé sur l'étui de leur arme. Ils sont sûrs de leur pouvoir.

À l'autre bout, Norma, l'assistante recrutée depuis peu, incrédule, hésite une fraction de seconde avant d'ouvrir la lourde porte du sas blindé. Elle se demande où elle est tombée, s'il s'agit d'une sinistre plaisanterie ou des prémices d'une erreur judiciaire. Ne sachant que faire, elle n'a prévenu personne lorsque les portes de l'ascenseur s'ouvrent sur les policiers aux visages fermés. L'hypothèse de la mauvaise blague n'est plus de mise.

— Nous voulons voir un responsable.

— Le président est absent mais le directeur général est là, en réunion, annonce Norma d'une voix mécanique.

Elle est perdue, stressée, incapable d'aligner deux idées cohérentes.

Comme souvent, je suis loin. Neuf mille kilomètres me séparent du siège parisien. Je viens de débuter une mission de deux jours en compagnie d'un client.

— Allez le chercher, ordonne celui qui semble être le chef.

Norma se retient de ne pas courir jusqu'à la salle de réunion située au bout du couloir. Elle sent les flics dans son dos, à deux pas, ils lui ont emboîté le pas sans la moindre hésitation. Arrivée à la porte de la salle, Norma se limite à l'entrebâiller afin d'attirer l'attention de Brice Bonnet, le directeur général, évitant l'irruption des policiers au milieu de la réunion commerciale. Ils trépignent sans oser pousser Norma pour entrer.

Ils s'attendaient à trouver une officine tapie dans l'ombre d'une impasse glauque, ils sont face à un cabinet de conseil ayant pignon sur rue, occupant un bâtiment récent dans une allée de Neuilly aussi calme que cossue.

Leur manière de fouiller l'espace du regard surprend les collaborateurs présents. Ils ont compris qui étaient les trois inconnus qui viennent de s'introduire dans leur univers et préfèrent se cacher derrière leur écran plutôt que d'avoir à répondre à une question même sibylline. Analystes spécialisés en politique internationale, conseillers en sécurité industrielle, ils ne sont guère habitués à ce genre d'invasion même pacifique et se sentent quelque peu désarmés.

— Brice Bonnet, directeur général. Vous pouvez m'expliquer le motif de votre visite ?

— Commandant Meriadec, DCPJ, nous intervenons dans le cadre d'une commission rogatoire émise par le juge Cassius.

L'affaire est relativement ancienne, elle date de 2005-2006. Bien avant mon arrivée. Des « consultants en intelligence économique » – aidés de pirates informatiques – auraient pénétré les ordinateurs d'un avocat spécialisé dans la défense des actionnaires minoritaires, et celui du directeur d'une ONG.

À mi-chemin du fric-frac et de l'écoute, le procédé utilisé tombe évidemment sous le coup de la loi. De plusieurs lois.

— Je suis à votre disposition, même si je ne vois pas en quoi je peux vous aider, répond Bonnet.

Arrivé six mois plus tôt, Bonnet tombe des nues.

Il ne connaît de l'entreprise que sa configuration actuelle. Pas les détails d'une fusion[1] bien plus douloureuse que prévue, d'autant que je ne suis pas sûr de tous les avoir identifiés. J'avais été prévenu que le rapprochement n'était pas une bonne idée, je suis passé outre. Je ne peux m'en prendre qu'à moi : les cadavres étaient nombreux et, le plus souvent, jetés dans un placard plutôt que correctement enterrés. Des complémentarités, il n'y en eut pas. Ce que je prenais pour des différences était des divergences, souvent profondes. Des ruptures déontologiques. J'assume mais n'endosse pas.

Plutôt que de fouiller le passé, de chercher des coupables, j'ai fait le choix de tracer un trait, de faire le ménage – parfois à la hussarde – en provoquant de nombreux départs, et de donner une nouvelle impulsion en laissant à d'autres le plaisir de s'ériger en donneurs de leçons, voire en juges. J'agis en accord avec ma conscience et je me moque des ennemis que cela me vaut.

— En nous aidant pour que tout se passe bien, répond le flic. C'est une perquisition. Nous sommes venus chercher un certain nombre de documents : soit vous coopérez et ça va aller

1. En 2006, mon cabinet qui était tourné vers l'international a fusionné avec un de ses concurrents spécialisés dans l'intelligence économique « opérationnelle » franco-française. Le choc, pas uniquement culturel, fut terrible. Je pensais trouver une expérience, un passé, il n'y avait qu'un passif dissimulé par une bonne santé financière apparente. Dans tout cela, il y avait peut-être de l'action mais pas beaucoup de morale…

très vite, soit vous pouvez commander les croissants pour demain matin ! Il est 15 h 42. La procédure démarre…

Les questions des policiers sont simples, directes et ciblées. Elles ne concernent qu'une entreprise sur une période très limitée dans le temps. Ils savent exactement ce qu'ils sont venus chercher et n'entendent pas se laisser détourner de leur recherche. Ils veulent des documents administratifs et des pièces comptables. Visiblement, ils ne s'attendent pas à faire des découvertes mais à vérifier ce qu'ils savent déjà, à étayer leur procédure.

Ils pensent tenir les auteurs parmi d'anciens cadres de la DGSE déjà déférés devant la justice et mis en examen. L'instruction est donc entrée dans la phase suivante. Sans doute la plus intéressante mais aussi la plus périlleuse : l'identification des commanditaires.

À ce stade, deux scénarios sont envisageables : soit ils s'arrêtent aux intermédiaires, aux fusibles payés pour protéger les véritables commanditaires bien à l'abri derrière les murailles de leurs sièges sociaux ; soit ils vont au bout de la logique et s'attaquent aux véritables donneurs d'ordres, à ceux qui ont débloqué les fonds nécessaires. Peut-être sans savoir comment l'information serait obtenue. Ici, le nerf de la guerre est un véritable fil d'Ariane. D'autant que les paiements en liquide, encore fréquents il y a une décennie, ont pratiquement disparu.

Conscients que la bonne volonté manifeste de Bonnet ne sera pas suffisante pour obtenir les réponses qu'ils attendent, les policiers demandent à entendre le seul salarié encore présent dans l'entreprise qui pourrait avoir un lien avec l'affaire qui les intéresse.

— Diego Couceiros est-il présent ? Nous souhaitons l'entendre, demande le commandant.

— Je vais le faire monter, répond Bonnet en cherchant à le joindre par téléphone.

Diego est le seul « survivant » de cette époque troublée. Il a eu à connaître une partie du dossier. La partie émergée de l'iceberg dans l'esprit des policiers. Le visage dessiné à coups de serpe, aussi sec que nerveux, il est incapable d'organiser ses idées tellement il tremble. Ce n'est pas tant la peur du gendarme (du policier, en l'occurrence) que de la prison. Ses réponses sont courtes, saccadées. Il est dépassé par ce qui lui arrive et en perd ses moyens.

*

Toujours en réunion dans l'hémisphère Sud, je sens mon GSM qui s'affole au fond de ma poche au moment où je m'exprime sur la place respective des différents concurrents dans l'appel d'offres international en cours. Un dossier que je suis personnellement depuis près de six mois. Une vingtaine de voyages et près de trois fois plus de nuits passées loin de chez moi, dans des avions ou des hôtels, pour un enjeu dépassant largement le milliard d'euros de chiffre d'affaires pour mon client et la centaine de milliers d'euros d'honoraires pour l'entreprise que je préside.

Mon intervention mêle risque politique, sécurité des investissements et des personnels dans un pays en crise, autant dire des thématiques très éloignées de ce qui se passe à Paris. Impossible de m'absenter quelques instants. Posé à côté de mes notes, mon BlackBerry clignote au rythme des messages qui tombent… sans que je puisse en prendre connaissance.

Pressentant la mauvaise nouvelle, j'écourte quelque peu mon intervention pour me jeter sur mon agenda électronique. Le message de mon assistante est aussi bref que limpide : « Perquisition en cours. Appelle-moi. » Il me faut encore attendre dix minutes avant de pouvoir m'isoler un instant pour la rappeler.

— Salut, passe-moi l'OPJ.

Pas de temps pour les formules de politesse. Je ne veux pas que l'OPJ pense que l'on cherche à se mettre d'accord, ou même que l'on échange des informations. Elle me bascule immédiatement sur le bureau réquisitionné par les policiers.

— Bonjour, commandant Meriadec de la DCPJ à l'appareil. Nous nous livrons à une perquisition.

En trois phrases rapides, précises sans être sèches, il me résume ce qui les amène, la coopération qu'il attend de la part de la société.

— Commandant, je vais être direct. Je suis à l'autre bout de la planète, mais disponible pour répondre à toutes vos questions dès maintenant. Le cas échéant, je peux reprendre l'avion ce soir et être là demain matin, mais il me faut une décision dans le quart d'heure, ensuite je n'aurai plus le temps de rejoindre l'aéroport.

Ce faisant, je joue ma mission à quitte ou double. Si je dois partir précipitamment, l'effet sur le client sera désastreux, mais je me dois d'être présent dans l'entreprise lors d'une situation particulièrement délicate. S'il doit y avoir garde à vue, c'est à moi de l'assumer et non à un de mes collaborateurs.

— Vous n'êtes pas concerné *intuitu personae*, uniquement en tant que représentant de l'entreprise. Il n'y a donc pas urgence. En revanche, je souhaite vous entendre sur procès-verbal à votre retour.

Le commandant profite de la communication pour me demander si je connais certains des protagonistes. Ce que je confirme pour l'un d'eux, croisé durant mes années « françafricaines ». Je pourrais d'ailleurs presque dire « combattu », tant tout nous opposait. Nous n'avons jamais fait d'affaires ensemble, tout au plus partagé quelques cafés près de dix ans plus tôt, lorsque je tentais encore de comprendre le fonctionnement de la mouvance mercenaire. Sentant que je suis disponible, il poursuit par quelques questions périphériques sans que je sache s'il est toujours dans son enquête ou tente de se faire une opinion en évoquant des points dont il connaît déjà les réponses.

À écouter les questions du policier, je ne lui apprends pas grand-chose mais le ton s'adoucit imperceptiblement. Il devient moins formel, l'interrogatoire devient conversation.

— Je serai à Paris vendredi matin à l'aube. Disponible à la première heure.

— OK, on conviendra d'une rendez-vous.

— Merci de ne pas m'attendre à la descente de l'avion, je serai accompagné d'un client qui n'a rien à voir avec le dossier qui vous intéresse.

— Ne vous inquiétez pas, ce n'est pas au programme ! Nous fixerons un rendez-vous pour coucher tout cela sur papier. Pour ce qui est de la perquisition, elle est pratiquement finie ; nous avons obtenu les documents souhaités. Reste à formaliser cela et apposer les scellés. Un de vos collaborateurs devra venir demain matin pour que l'on prenne sa déposition.

— Pas de garde à vue ?

— Non, rien ne le justifie. Vous pouvez dire à vos collaborateurs que ce n'est pas la peine de commander les croissants pour demain matin.

Une heure plus tard, les policiers lèvent le camp avec leur butin : une cinquantaine de photocopies de pièces comptables et le disque dur d'un collaborateur licencié pour faute, de nombreuses années auparavant.

*

Les années d'insouciance, celles où les cabinets d'intelligence économique pouvaient presque tout se permettre, sont définitivement derrière nous. La cécité bienveillante des autorités n'est plus de mise.

L'actuel locataire de l'Élysée n'a guère dissimulé son projet dans ce domaine : « On les pendra à un croc de boucher » a-t-il dit en parlant des « officines » qui, selon lui, peuplent le milieu de l'intelligence économique et se jouent de la loi et des forces de l'ordre.

La rumeur dit qu'il aurait eu à souffrir de ces fameuses officines, stipendiées par un hypothétique cabinet noir dans l'espoir de le décourager de se lancer dans la course à la magistrature suprême. Des coups d'autant plus violents et bas qu'ils venaient de son propre camp. Ainsi son ex-épouse, Cécilia, aurait été suivie et ses communications téléphoniques « traitées » durant des semaines. À en croire son entourage, c'est pour cela qu'il aurait commenté son retour Place Beauvau d'un « c'est encore là que je serai le plus en sécurité ».

Qu'il y ait eu tentative de déstabilisation du couple Sarkozy ou pas – les auteurs présumés s'en défendent énergiquement – n'est pas réellement important au regard des convictions affichées par le président dans cette affaire. Ses certitudes se sont transformées en une volonté de mettre de l'ordre dans le milieu une fois pour toutes, de le mettre en coupe réglée, pourraient penser certains. Ce qui a pour principal effet de placer sous les feux de la justice un microcosme qui prospérait dans l'ombre, tirant une part de ses profits de son caractère souterrain et secret.

Depuis, les « affaires » se multiplient, animant régulièrement la chronique judiciaire : Baptendier, Besancenot, DCN, EDF, Moigne, Vivendi, etc. Ce n'est pas très difficile tant les archives des services de police et de renseignement regorgent d'éléments largement suffisants pour justifier, à défaut de condamnations, l'ouverture de procédures judiciaires. Pendant des années, services de police et services de renseignement ont écouté religieusement le ban et l'arrière-ban de la profession qui venait confier ses turpitudes en espérant en tirer non pas une absolution mais au moins une certaine indulgence.

Au pire, les services fiscaux, voire l'URSSAF, pourront toujours prendre le relais des services de police. Le métier sort tellement des sentiers battus qu'il n'est pas très compliqué de notifier des redressements impressionnants qui disparaîtront au fil de négociations discrètes et des abandons des uns et des autres.

Faut-il le rappeler ? Personne n'a été condamné à ce jour autrement que par la rumeur, pourtant la présomption d'innocence est largement foulée au pied. Plus grave, l'image transmise à l'opinion et aux opérateurs économiques est celle d'un secteur composé uniquement d'individus peu fiables, voire de délinquants en devenir. Ainsi, quelques acteurs ont été jetés en pâture aux médias et à l'opinion (qui s'en désintéresse), parfois avant même que l'enquête ait vraiment démarré. A-t-on peur que la justice fasse son ouvrage, qu'elle détermine les responsabilités de chacun ? Ou plus prosaïquement que le bilan soit qu'en dépit des quelques débordements constatés – inexcusables, c'est certain – l'immense majorité des acteurs est utile à l'économie française.

Si je n'ai jamais caché mon souhait de voir la profession se normaliser et connaître un contrôle accru de l'État, que des règles soient fixées, j'avoue peiner à comprendre certaines vindictes actuelles. À croire que pour certaines autorités, l'avenir de l'intelligence économique passe par l'éradication des quelques pionniers. Ceci au prétexte de séparer le bon grain de l'ivraie, de rompre avec des pratiques d'un autre âge… sans voir que – parfois – des acteurs publics, voire parapublics, peuvent se dissimuler derrière une pseudocaution étatique pour se livrer à des errements comparables à ceux des pires officines et autres cabinets noirs. Comme ce prestataire réputé dont nombre de groupes sensibles n'utilisent les rapports que pour tenir les commissaires aux comptes à distance de dossiers plus ou moins sulfureux en lui faisant « certifier » l'honorabilité de tel ou tel intervenant douteux. C'est aussi cela l'intelligence économique : un moyen discret de pousser la poussière sous le tapis.

Au terme de quinze années d'activités, je suis convaincu que l'intelligence économique en dépit des errements évoqués précédemment, qui pourraient d'ailleurs sans doute être assimilés à des erreurs de jeunesse, constitue un mal nécessaire. Du moins lorsqu'elle est faite par des professionnels dotés d'un minimum d'éthique, tant les besoins sont importants et les moyens disponibles au sein de l'appareil d'État limités. Une des questions à se poser étant d'ailleurs la place que se doit d'avoir l'État dans l'appareil économique et jusqu'à quel point il peut se permettre d'agiter le spectre du colbertisme dans un environnement globalisé.

Un point ne cesse d'ailleurs de surprendre : la France est un terrain de jeu pour tous les cabinets anglo-saxons les plus offensifs – dont les méthodes n'ont rien à envier à leur homologues français – pourtant aucun d'eux n'a jamais été mis en cause. Existe-t-il une exception culturelle là aussi ? On y reviendra…

*

Une chose est certaine : en entrant dans la carrière, j'ai accepté par avance de prendre des coups (mais aussi d'en donner). C'était mon combat, ma guerre. Économique certes, mais ma guerre. Pour cela, j'ai développé un savoir-faire, presque un arsenal, et je me demande désormais si je dois accepter de le voir disparaître ou prendre le risque qu'il soit retourné contre mon camp, voire contre moi-même.

« La garde meurt mais ne se rend pas », disait Cambronne… avant de se rendre ! Je ne suis pas sûr d'avoir le courage d'un sacrifice que je pressens inutile. J'espère donc que ces confessions ne seront pas un testament. Un ultime cri avant la nuit.

I

Itinéraire d'un enfant gâté ?

Depuis un peu plus de quinze ans, je suis une barbouze, comme ils disent… Un de ces « mercenaires de l'information » soupçonnés d'être toujours disponibles pour exécuter n'importe quelles basses œuvres pour quelques deniers – forcément de Judas… puisque la trahison serait consubstantielle à l'activité. Si j'ai parfois joué à cache-cache avec les lois et la morale, tutoyé les limites du possible, je pense ne jamais avoir franchi la ligne blanche, encore moins avoir risqué le carton rouge (le passage par la case prison). « Pas vu, pas pris », diront les cyniques…

Cela justifie-t-il pour autant la réputation de « tueur » dont m'affublent mes concurrents ? C'est sans aucun doute me faire beaucoup – trop ? – d'honneurs. Je tente juste de mettre en œuvre une stratégie mûrement réfléchie et régulièrement comparée, et parfois adaptée, aux évolutions du marché international. Le marché national est trop étriqué et décalé, pour constituer un référentiel. Cela, en évitant les acrobaties habituelles d'un microcosme qui a érigé le coup bas et les alliances de circonstance (souvent contre-nature) en mode de fonctionnement. Certes, j'ai régulièrement mis les pieds dans le plat et écrasé quelques orteils, tordus quelques bras, et surtout dit ce que je pensais. Acceptant parfois le compromis – et non la compromission – pour croître en faisant le moins de concessions possible.

Je ne mérite sans doute pas plus d'être surnommé « Little Bouddha » comme le fait un fonctionnaire mais là, au moins, cela me fait sourire même si je suis conscient que cela tient plus à mon physique – hors normes – qu'à ma capacité à progresser sur les voies de la sagesse même professionnelle.

En fait, j'exerce un métier qui n'a pas vraiment de nom. Disons que je fais de l'« intelligence économique[1] » même si je ne sais pas exactement ce que recouvre précisément ce fourre-tout sémantique tant les définitions fluctuent en fonction des interlocuteurs : les praticiens, dont je suis, ont en la matière une vision fort éloignée de celle des théoriciens, sans parler du concept retenu par l'administration[2]. Un de mes maîtres à penser avait l'habitude de dire que c'est le deuxième plus vieux métier du monde car il permet de déterminer comment accéder à l'autre, le plus ancien !

Plus sérieusement, définir cette activité par la mise à disposition des entreprises – publiques ou privées – de techniques de services de renseignement est pour le moins réducteur, voire totalement faux. C'est un métier qui en est encore à ses balbutiements et qui se construit au jour le jour, avec ce que cela peut avoir d'enivrant et de dangereux. Les dérapages et autres erreurs de jeunesse sont légion, mais la profession apprend en marchant, faute d'une structure d'autocontrôle digne de ce nom et d'un suivi sérieux de la part des pouvoirs publics. Un métier à risques ? Sans doute. Mais quel métier intéressant ne l'est pas aujourd'hui ? Quant à la part d'ombre, souvent utilisée comme un argument commercial (pour faire mon-

1. Traduction aussi hâtive qu'approximative de *Business Intelligence.*
2. Justice et services de renseignement, par exemple, ont des approches différentes.

ter les factures), elle devrait reculer à mesure que le marché mûrit parce qu'elle est indépendante de l'activité.

Je n'ai pas l'excuse d'Obélix, je ne suis pas tombé danss la marmite quand j'étais petit ou suivi une voie tracée pour moi par d'autres. Cette voie je l'ai choisie, j'ai même la faiblesse de penser que j'ai été de ceux qui l'ont ouverte, comme d'autres avant moi ont fait le choix des armes ou le serment d'Hippocrate.

Parler d'une vocation serait sans doute excessif mais le choix fut bel et bien délibéré. Après un bac passé en Argentine grâce à un père diplomate, de vagues études en sciences politiques et relations internationales en France, j'ai intégré, à 21 ans, un SGDN[1] qui bruissait déjà de rumeurs de réorganisation (le mal chronique de cette institution depuis au moins deux décennies) où je m'étais pris de passion pour les questions liées au blanchiment et au narcoterrorisme[2]. Deux années riches en émotions, passionnantes, durant lesquelles j'ai appris l'analyse et la concision. En m'accueillant, le directeur de cabinet de l'époque m'avait prévenu : « On ne vous reprochera jamais de trop lire ; et sachez que cette maison ne vaut que par la manière dont on en sort… » Une mise en garde que j'aime encore aujourd'hui me remémorer.

En quittant le SGDN j'ai songé à rejoindre la DGSE, mais découragé par quelques grands anciens je me suis tourné vers l'industrie d'armement où se menaient les premières expéri-

1. Secrétariat général de la Défense nationale : organisme rattaché au Premier ministre et chargé, entre autres, de la synthèse du renseignement. C'est cet organisme qui dix ans après mon départ sera choisi pour accueillir le haut responsable à l'intelligence économique, Alain Juillet.

2. À l'époque, Pablo Escobar ensanglantait la Colombie, et l'Amérique centrale connaissait les derniers soubresauts de guerres oubliées.

mentations en matière de renseignement économique alors que la commission Martre siégeait encore au sein du Commissariat au Plan.

Le passage fut bref, à peine huit mois, et largement dénué d'intérêt au regard de mes ambitions et envies de grands espaces et d'aventures. Ma vie de salarié s'acheva le 31 décembre 1993, sur un coup de tête disent les mauvaises langues. En fait, un désaccord profond avec mon supérieur de l'époque, un individu rétrograde aussi soucieux de son statut que dénué de toute hauteur d'analyse.

J'avais 23 ans ; pas de charge de famille, et une envie irrépressible de courir le monde pour confronter mes réflexions et théories aux réalités du moment. L'Afrique fut mon premier terrain d'expérimentation. Je partageais mon temps entre mon domicile parisien et quelques capitales du continent noir où je conseillais les régimes en place. Un poste d'observation exceptionnel pour qui veut s'intéresser aux interactions de la politique et des affaires mais aussi des effets de la corruption érigée en mode de gouvernement sur un modèle économique. Mais aussi, à l'époque, le meilleur moyen de se faire un solide carnet d'adresses en un minimum de temps.

Plus prosaïquement, ce fut aussi le moyen de conquérir une indépendance financière et de jeter les bases du cabinet sans avoir à me préoccuper de rentabilité immédiate et donc d'accepter n'importe quoi, du purement « alimentaire » aux missions passant allègrement les limites légales. Une période passionnante qui ne fit que me confirmer ce que je pensais : l'immensité des besoins des entreprises allait de pair avec les prémices d'une mondialisation alors largement présentée sous son angle le plus conflictuel. Puisqu'une nouvelle guerre se profilait, je voulais prendre ma part des combats, l'économie serait mon champ de bataille. Un théâtre d'opérations nouveau – silencieux, presque invisible – dont l'arsenal lui-même était encore en voie de définition. Pas de règles, pas de limites, tous les coups étaient permis ou presque.

À une autre époque, j'aurais peut-être pris part à la guerre froide en luttant contre les Soviétiques aux côtés des *freedom fighters* afghans ou angolais, voire à la défense de l'Occident aux côtés des phalangistes libanais dans le Liban de la fin des années 1970. Si dans une boucherie j'ai toujours préféré le rôle du boucher à celui du bœuf, je ne suis pas pour autant prêt à plaider coupable pour les nombreuses dérives de la profession. Celles dont j'ai été témoin, voire l'acteur (involontaire ?). Le fait que ces affrontements soient le plus souvent feutrés ne doit pas faire oublier que la violence est toujours sous-jacente. Dans ce contexte, si je veux bien porter ma part de responsabilité, je ne ressens aucune culpabilité.

Cette « guerre économique », comme tous les conflits, a son lot d'abus, de traîtres et autres agents doubles. Sans parler des crimes, ou de massacres dont le bilan se mesure en hordes de chômeurs et parts de marché perdues ou gagnées. Et tout le monde en joue, pour ne pas dire en abuse. Les États comme les entreprises.

C'est ainsi que les autorités émiraties, soucieuses d'obtenir la levée des restrictions américaines en matière de transferts de technologies nucléaires, évoquent à longueur d'articles de presse que leur programme vaut 40 milliards de dollars et que chaque milliard d'exportations US représente 10 000 emplois pendant cinq ans. Tout en précisant *mezzo voce* que la concurrence soigneusement entretenue entre Français,

Américains et Coréens sera de nature à « tirer les prix » le moment venu. Autant dire que les industriels, et leurs hordes de consultants, affûtent leurs arguments et leurs couteaux dans les coulisses. Tous les coups seront bons… et on ne peut imaginer que les pouvoirs politiques appelés à la rescousse n'aient pas impliqué leurs services de renseignement respectifs pour « aider » à la décision.

Avec un peu de chance les services de renseignement étatiques seront eux aussi de la partie, ce qui changera la nature tant de l'affrontement que des armes employées. Eux n'ont pas de limites légales ou morales, ils sont là pour l'intérêt national et rien d'autre. Dès lors, seul le résultat compte et l'industriel n'a pas à craindre de retombées, au contraire il peut se dissimuler derrière la diplomatie.

Comme souvent, il sera de bon ton de se gausser des échecs et de vilipender les dérives réelles ou supposées, mais j'ai la faiblesse de penser que l'intelligence économique est un mal nécessaire, surtout dans un contexte économique aussi troublé que celui des vingt dernières années.

La disparition du bloc soviétique, plutôt que de provoquer la fin de l'histoire prophétisée par Fukuyama, a ouvert la voie d'un libéralisme échevelé où tous les coups sont permis. À commencer par les pires violences sociales. *It's the economy, stupid!* était le slogan de la première campagne présidentielle de Bill Clinton au début des années 1990. Cela n'a sans doute jamais été aussi vrai. La guerre économique est aujourd'hui un fait et rien ne laisse espérer la moindre amélioration à court terme. Dès lors, il faut choisir son camp et être prêt à se battre pour protéger ses intérêts et ceux de ses mandants. Faire partie de la cohorte des soldats de l'ombre n'autorise pas pour autant tous les excès sauf à se perdre. Aider l'entreprise France à demeurer un des acteurs majeurs du champ de bataille face aux concurrents naturels que sont USA Inc, China SA et India Ltd n'excuse pas tout.

L'enjeu n'est plus – si tant est qu'il l'ait été – de vivre dans le camp retranché du protectionnisme, mais de pouvoir tenir sa place dans une compétition mondiale qui verra disparaître les acteurs économiques les moins aguerris face aux enjeux de la mondialisation. Une forme de sélection naturelle est en marche. Une marche forcée qui ne verra survivre que les meilleurs et cela prendra infiniment moins de temps que la sélection naturelle des espèces chère à Darwin.

Un tri indispensable mais encore compliqué par le fait que l'appareil d'État a largement prouvé son incapacité à définir les limites de la profession. Et, dans le fol espoir de masquer ses lacunes, il prétend légiférer alors que les outils répressifs existant ne sont pas utilisés[1]. À croire que certains, au cœur de l'appareil d'État, au-delà de leurs déclarations fracassantes apprécient de pouvoir maintenir le flou sur les distinctions entre pirates, flibustiers et corsaires. Sans doute avec l'espoir de quelques renvois d'ascenseurs.

Néanmoins, la priorité demeure de finir le ménage en cours au sein de la profession. Sans toutefois prendre le risque de jeter le bébé avec l'eau du bain. Certains ont cru pouvoir saisir l'opportunité de ce nouveau contexte pour s'enrichir. Ils

1. Ainsi, on oublie trop facilement que les activités condamnées par la Lopsi 2 (loi d'orientation et de programmation pour la sécurité intérieure, le 2 tenant au fait que c'est la seconde du nom) tombent d'ores et déjà, selon les cas, sous le coup des textes condamnant l'atteinte à la vie privée, la corruption de fonctionnaire, le recel d'informations volées (STAD), etc. Il suffit juste de poser l'incrimination.

font mine de rejoindre cette nouvelle armée de l'ombre alors qu'ils sont bien plus proches des profiteurs du marché noir et autres résistants de la vingt-cinquième heure que de toute autre chose. Prêts à tous les compromis, pour ne pas dire toutes les compromissions, pour amasser quelques deniers quitte à jeter l'opprobre sur toute une profession qui peine à s'organiser. Sans que l'on sache si cette difficulté est un défaut de jeunesse ou un mal structurel inhérent à l'aura de secret.

S'il est un point qu'il ne faut pas oublier – ce que font trop souvent les commentateurs et analystes – c'est que comme tout marché, l'intelligence économique ne fonctionne que parce qu'il y a une offre et une demande : les barbouzes n'existent que parce qu'ils répondent à des clients qui les font vivre... parfois grassement. On y reviendra, mais le rôle de l'État, lui aussi donneur d'ordres, peut d'autant moins être passé sous silence qu'il joue un rôle réel et sans doute croissant.

Quinze ans d'opérations ininterrompues sur ce champ de bataille de l'économie mondiale m'ont permis d'assister à nombre d'exactions, mais aussi de prendre part à des victoires ; la différence entre les deux étant souvent ténue. Qu'il me soit permis ici de lever un coin du voile, de compter quelques aventures qui permettront de se faire une opinion sur l'intelligence économique telle qu'elle est pratiquée dans la France d'aujourd'hui.

Certains diront que je brûle mes vaisseaux. Je préfère penser qu'une page se tourne mettant un terme à presque deux décennies de folies en tous genres. Certes, il y eut des succès – et ils sont plus nombreux qu'on pourrait le penser – mais le prix en fut souvent élevé.

Au point de dire, à l'instar de ceux qui entendent mettre les rieurs de leur côté, que l'intelligence économique est une activité rarement économique et le plus souvent dénuée d'intelligence ? En vous faisant entrer dans les coulisses, en vous livrant les clés et codes de la profession, je vous fais juge

II

Le prince des islamistes

La nuit a été difficile. Le vol qui me ramène de New York a été secoué par des turbulences durant toute la traversée de l'Atlantique nord. En cette fin d'hiver, c'est aussi fréquent que désagréable. Pluie et brouillard sur Roissy en ce début de matinée. Je n'ai qu'une envie : repartir le plus vite et le plus loin possible vers le soleil.

L'avion roule encore sur la piste lorsque je dégaine mes deux compagnons de voyage depuis des années – GSM et BlackBerry – pour les allumer. Un regard noir de l'hôtesse me décourage d'écouter mes messages avant d'avoir débarqué. Parmi les appels manqués, je vois trois tentatives d'Axel Bland.

Ancien de la brigade financière, Axel est désormais responsable de la *compliance*, la sûreté financière, dans une grande banque française. Ils sont une dizaine d'ex-policiers et magistrats, se connaissant tous, chargés de ces sujets pour l'ensemble des grandes institutions financières parisiennes. Ils sont responsables de la prévention du blanchiment et du financement du terrorisme[1]. Certains ont défrayé la chronique par

1. La réglementation est de plus en plus exigeante. C'est particulièrement vrai en matière d'entrée en relation ou de mise en place de financements. Peu désireuses de traiter ces problèmes en interne, les entreprises, les institutions font parfois appel à des bases de données mais aussi à des cabinets d'intelligence économique qui se chargent de mener les vérifications dans la plus grande discrétion.

leurs enquêtes ou instructions lorsqu'ils étaient dans l'administration. Depuis leur passage au privé, ils se doivent d'être de véritables passe-murailles. Personne ne souhaite de scandale, ni l'éconduit ni la banque, qui tiennent tous à préserver leur réputation.

Je profite de la queue à l'immigration pour le rappeler avec l'intention de le faire attendre mais il ne me laisse pas le temps de parler.

— Le prince Issah ben Ahmad al-Khaimah, ça te dit quelque chose ?

— Franchement non ! Je vois à peu près la lignée dans les monarchies du Golfe mais guère plus.

— J'aurais besoin d'une étude aussi détaillée que possible sur l'intéressé pour la fin de la semaine prochaine... Tu sais faire ?

Nos « cibles » habituelles sont plus souvent des Africains et des « nouveaux » Russes (ceux qui ont fait fortune au cours des quinze dernières années), voire des hommes d'affaires levantins, que des membres des familles régnantes. Pour ces derniers, la fortune est généralement ancienne, bien connue, et surtout courtisée par toutes les banques.

— Yeap. Je vois à qui demander pour avoir un premier tableau et la lignée exacte. Comme tu le sais, le risque dans ce domaine est lié aux homonymies. Mais l'origine de la fortune est assez connue. Je ne suis pas sûr que l'on puisse trouver un scoop.

— Je sais ! Je te transmets ce que je peux par courrier électronique. Il n'y a pas grand-chose : photocopie du passeport et une adresse parisienne dont je doute qu'il la fréquente très souvent. Pour tout te dire, il est déjà client depuis quelques années… mais il cherche de nouveaux financements et on nous a rapporté des rumeurs désagréables et nous voudrions en avoir le cœur net.

— Le 11 septembre est passé par là…

— On ne peut rien te cacher. Et personne ne veut prendre le risque d'un scandale.

Il y a quelques semaines, avec un des collègues d'Axel, nous avons résolu une belle « affaire » en identifiant une entité destinée non seulement à collecter des fonds pour le compte du Hezbollah libanais mais aussi à payer les familles des *shahid*, les « martyrs », qui meurent au cours d'attentats-suicides. Un dossier qui a eu, une fois n'est pas coutume, un peu d'écho dans le milieu bancaire.

Dans ce domaine, les recherches sont effectuées de manière quasi exclusive au travers de sources ouvertes, autrement dit de la presse locale et internationale complétée par quelques entretiens. En effet, elles doivent – en théorie – pouvoir être opposées à des tiers, et il n'est donc pas question de prendre la moindre liberté avec la loi sous peine d'exposer indûment le client à un risque légal important.

De plus, il ne s'agit pas d'une enquête judiciaire, l'objet de la mission n'est pas d'accumuler des preuves, encore moins de juger, mais uniquement de permettre au décideur au sein de la banque – généralement un comité de risque – de se forger une opinion et de trancher en conséquence. Décision dont nous ne sommes que très rarement informés et, lorsque c'est le cas, le plus souvent au détour d'une conversation.

Nous formulons aussi des recommandations, mais nous ne prenons jamais de décision en lieu et place du client. En effet, nous n'avons le plus souvent qu'une vision partielle du dossier et en aucun cas une idée précise des critères ou de la prise de risque de la banque. Ainsi, elle peut être en consortium et estimer que, le risque étant partagé, il est supportable au regard du profit attendu ou, *a contrario*, que le « prospect » a beau ne pas être fréquentable – cas d'un tortionnaire africain – il est quasiment impossible de lui dire non sans mettre en danger la position de la banque dans ce pays. Les cas les plus sensibles sont souvent les « nouveaux Russes », non pas la poignée d'oligarques qui font la une de la presse, mais ceux au niveau de fortune immédiatement inférieur, disons entre cent millions et un milliard d'euros. Nombre d'entre eux ont du sang sur les mains ou appartiennent au crime organisé, parfois les deux, et l'origine des fonds – comme dans les cas de corruption politique – pose un problème.

Si la posture à adopter est relativement évidente face à un procureur ukrainien qui souhaite placer quelques dizaines de millions d'euros, ou un « agent de voyages » ouzbek spécialisé dans le tourisme le long de la frontière afghane, sur le chemin des caravanes de drogue, cela devient nettement plus complexe lorsque l'individu se présente comme trader ou industriel et qu'il faut démêler un écheveau de sociétés plus ou moins fantômes afin de déterminer si le patrimoine annoncé est bien le sien et comment il l'a constitué, ou s'il s'agit d'un vulgaire prête-nom !

En arrivant au bureau, mon plan de recherche est fait. Je sais à qui le dossier sera confié et comment le traiter. L'origine de la fortune ne pose guère de problèmes, sauf surprise, puisqu'elle provient très probablement de sa lignée ; la question centrale est de savoir quel usage le prince Issah peut bien en faire, comment il fait prospérer son patrimoine !

Anh, une jeune analyste curieuse de tout, sera parfaite : sa capacité de travail n'a d'égal que son ambition. Recrutée au sortir du monde universitaire, elle accumule les expériences au sein du cabinet, se construisant un parcours sans faute dont le seul bémol est sans doute un caractère autoritaire qui fait que ses collègues la surnomment PolPot ! Elle ne parle pas arabe mais pourra se faire aider par Nadjet, sa collègue spécialisée dans le suivi politique du monde arabe, tout aussi volontaire mais plus intéressée par la chose politique que par les affaires. Nadjet est une jeune pousse en devenir alors que Anh a déjà franchi ce stade : elle a montré qu'elle pouvait assumer seule certaines missions.

Je suis occupé à leur expliquer ce que je veux et à leur confier quelques contacts qui peuvent les aider, lorsque T36, ma fidèle assistante depuis quelques années – les mauvaises langues disent mon âme damnée – me rappelle que je suis attendu pour déjeuner dans Paris avec un journaliste. Un repas prévu de longue date qu'il est bien trop tard pour reporter alors que je ne rêve que d'une chose : une douche brûlante !

*

Le déjeuner est rapide mais sympathique. Michel est pressé, c'est un jour de bouclage pour lui et il a vu à mes traits tirés que je suis fatigué, juste le temps d'échanger quelques cancans et tuyaux autour de sushis arrosés d'un verre de vin blanc.

Dans ce domaine, Michel, totalement désabusé et volontiers cynique, est une source d'anecdotes presque inépuisable autant sur les coulisses du pouvoir que concernant ma profession. Là, il revient de Libye où il a obtenu une interview exclusive du colonel Kadhafi dont il raconte les détails impubliables avec délectation – comme ce commentaire du guide suprême libyen au sujet d'un homme politique français : « Il est bien, c'est un vrai Africain. Lorsqu'on lui confie une valise de billets, la fois suivante, il la ramène vide dans l'espoir qu'elle soit à nouveau remplie… »

De mon côté, je lui lâche quelques anecdotes, guère plus sérieuses, recueillies la veille dans les couloirs de la maison de verre, le siège de l'ONU à New York, avant d'embrayer sur mon « actualité » du jour. Je le connais depuis trop longtemps pour tenter de le manipuler.

— Vous êtes au courant de ce qui se passe actuellement chez NETMAX ?

— Le moins que l'on puisse dire est que la guerre de succession est ouverte, les missiles volent dans les couloirs du siège. Cela ne va pas tarder à s'étaler dans la presse tant les conseillers en communication des uns et des autres font le tour des rédactions avec des documents depuis quatre jours.

— Michel, vous savez ce que prépare Kurdjian ?

— Il veut flinguer le candidat de la place et de l'État pour sa succession, si j'ai bien compris ; mais je n'ai pas eu le temps de vraiment m'y intéresser.

— Il va prendre tout le monde de court et nommer un Australien de ses proches en s'assurant le soutien des fonds de pension qui sont au capital et contre son conseil. Une sorte de révolution de palais qu'il prépare pour la prochaine assemblée générale.

— S'il fait cela, ce sera la guerre. C'est explosif. Vous êtes sûr de votre coup ?

— Totalement. Je ne vous ai rien dit… Mais vous pouvez en faire ce que vous voulez.

Je sors de ma poche un courriel rédigé par Kurdjian lui-même quelques jours plus tôt. Il m'a été transmis par mon client dans le cadre d'une lutte d'influence d'une rare violence.

— Même le publier ? Le gouvernement est informé ?

— Ce que vous voulez. Je dirais même que si vous en faites un entrefilet dans votre canard, je vous en serais reconnaissant. À Matignon, on m'a dit « un Australien, et pourquoi pas un Pygmée ». Ils ont balayé l'information d'un revers de main, se refusant à la prendre au sérieux.

Michel n'est pas dupe. Il sait que je suis en mission commandée. Si je cherche à faire sortir l'information alors que mon métier est de demeurer dans l'ombre, c'est que j'ai pris parti pour un clan contre un autre. Une entorse à mon éthique personnelle liée au fait que Kurdjian ne sert plus l'entreprise mais uniquement son ambition personnelle, et ce au détriment de l'entreprise.

*

Issah ben Ahmad n'est pas un ange si j'en crois les premiers retours. Il est encore trop tôt pour se faire une opinion définitive mais force est de constater que les réponses aux questions posées ne donnent pas vraiment l'image d'un homme d'affaires classique, encore moins celui d'un oisif jouant avec sa fortune sans souci majeur de rentabilité ou autre.

Ainsi, la presse du Golfe le présente comme un individu très pieux – ce qui n'est ni répréhensible, ni un défaut – impliqué dans l'aide aux musulmans de Bosnie durant le conflit yougoslave – ce qui est déjà plus gênant – en relation avec des ONG islamiques inscrites sur la liste noire américaine des organisations finançant le terrorisme. Reste à savoir si ces premiers indices seront corroborés ou confirmés ; ou au contraire infirmés par d'autres.

L'affaire yougoslave m'ouvre une porte intéressante : je contacte un de mes contacts habituels, un journaliste qui a passé des mois à Sarajevo, afin de savoir si l'identité du prince lui évoque quelque chose. De même pour un ancien camarade de fac désormais à la DGSE. Miracle ! Les deux répondent et me promettent une réponse rapide. Ce sera ma valeur ajoutée sur le dossier constitué par les analystes.

Deux jours et quelques coups de téléphone permettent de clore le dossier : le prince Issah est un islamiste radical qui utilise une partie de ses fonds à financer des mouvements extrémistes dont certains appellent à la destruction de l'Occident. À Sarajevo, il avait loué plusieurs villas et quasiment tout l'étage d'un hôtel pour loger des combattants islamistes venus soutenir leurs frères bosniaques. Plus récemment, après le 11 septembre, le prince a fait deux déclarations dans des journaux arabes par lesquelles il justifiait les attaques contre les tours du World Trade Center. En revanche, rien ne permet de penser qu'il a utilisé la France ou son patrimoine sur le territoire national à des fins condamnables.

Bien sûr, il serait possible de continuer les investigations durant des jours afin de viser une forme d'exhaustivité mais ce n'est dans l'intérêt de personne. Ni du client qui a maintenant suffisamment de données pour se forger une opinion, ni du nôtre : une facturation trop élevée sur ce type de mission serait contre-productive.

Le temps de livrer mon rapport à Axel Bland et je file vers l'Afrique de l'Ouest. La tension monte depuis quelques semaines en Akanie où le pouvoir du président Simon Logbo, que j'ai connu simple opposant, serait menacé. Plusieurs clients veulent savoir s'ils doivent prendre des mesures préventives ou s'ils peuvent continuer leurs affaires. Un coup de fil à l'aide de camp pour me rappeler au bon souvenir de Logbo, décrocher un tête-à-tête et je saute dans l'avion…

III

Investir en Akanie ?

Sale ambiance en Akanie. Le pays est coupé en deux depuis une tentative de coup d'État. Après quelques semaines de combats larvés, une paix armée s'est installée. Certes, elle n'est pas dénuée d'escarmouches et autres provocations mais le cessez-le-feu est globalement respecté. Les Français ont été évacués par l'armée française après plusieurs jours d'émeutes.

Je vois bien trop de têtes blanches plus ou moins en uniforme dès les couloirs de l'aéroport : les mercenaires sont de retour et ne se cachent guère. Ils sont vautrés dans les salons d'honneur où l'aide de camp de Logbo m'a fait accueillir par un de ses sbires.

Ces « soldats de fortune » ne sont pas les plus efficaces, plutôt des traîne-savates qui ont fantasmé plus qu'ils n'ont vécu leur carrière militaire. Le meilleur d'entre eux a péniblement atteint le grade de caporal avant d'être poussé vers la sortie. Il se fait désormais appeler « commandant » ! Ils sont bons pour parader, peut-être pour faire un peu de formation, mais en cas de combat, ce serait la débandade. En France, on trouverait les meilleurs à des postes de vigile et les autres en gardiens de supermarché… et encore !

Ici, je vais vite découvrir qu'ils ont annexé l'hôtel *Akani*, qui fut longtemps le plus bel hôtel d'Afrique de l'Ouest. L'armement est maintenu à portée de main dans des sacs qui ne trompent personne. Je comprends l'inquiétude d'un ami appartenant à la cellule de crise de l'ONU et rencontré lors de mon passage à New York. Ce vieil Africain de cœur sait que ces veillées d'armes ne durent jamais très longtemps.

Si l'entourage de Simon Logbo a fait appel à eux, c'est qu'il sent son pouvoir menacé. S'il n'a pas trouvé mieux, c'est peut-être que le dessus du panier est sous contrat avec l'opposition, attendant l'heure de la confrontation. Le prédécesseur de Logbo traitait directement avec le « mythique » Bob Denard. Les temps ont changé.

Le président ne me recevra qu'à la nuit tombée, comme à l'accoutumée. Cela me laisse la journée pour faire la tournée des hommes d'affaires et officiels, et me forger un début d'opinion.

Tous les avis convergent : les caisses sont vides, la trésorerie disponible a été utilisée pour acheter de l'armement qui arrive peu à peu et les tensions n'ont jamais été aussi fortes. Le Nord menace de faire sécession et Logbo n'est pas disposé à faire des concessions. Les représentants des groupes français affichent un optimisme purement de façade et se préparent à renvoyer leurs familles en France sous divers prétextes. Mais eux ne veulent pas partir, trop persuadés que ce pays a un avenir et que les fortes marges passées vont revenir très rapidement.

L'un d'eux en profite pour me demander si je peux aider au renouvellement de concessions détenues depuis près d'une décennie et dont le terme approche. Je promets de sonder Logbo tout en refusant de m'engager plus avant à ce stade. Je connais le management parisien du groupe au moins aussi bien que les colères de Logbo, et avant de me déterminer j'ai besoin de savoir si quelque chose d'utile peut être fait.

*

À Paris, l'appel du soir m'apprend qu'en plus des lettres anonymes envoyées aux administrations, un collaborateur éconduit durant le « ménage » fait le tour des clients avec un mélange de « révélations » et de menaces à peine voilées. L'objectif est clair, me faire chuter et se partager les restes du cabinet. Un esprit revanchard aussi puéril que stérile.

Au lieu de se battre sur le terrain des idées ou des affaires, alors qu'ils connaissent prix et clients, l'intelligence de ceux de son espèce ne dépasse pas le niveau de la mesquinerie de cour d'école. Un comportement nauséabond qui reflète les pratiques de la fraction la plus méprisable de la profession. Heureusement, sa disparition annoncée est inexorable à mesure que le métier se professionnalise.

Ils sont trois ou quatre, guère plus, installés dans un local qui se veut commercial mais n'est que conspiratif… faute de clients. C'est d'ailleurs pour cela qu'ils consacrent leurs journées à recuire de vieilles haines.

*

Il est près de 23 heures lorsque le téléphone de la chambre sonne.

— Le chef termine son dîner. Il est prêt à te recevoir. Un chauffeur sera en bas dans dix minutes, m'annonce l'aide de camp.

Le président Logbo est un oiseau de nuit, au point que certains de ses proches l'ont surnommé le Hibou. Lui se contente de dire que toutes les décisions importantes qu'il a eu à prendre l'ont été de nuit.

— Je serai prêt. On se rencontre où ?

— À la résidence.

Le lieu a son importance. Au palais, dans les bureaux, même la nuit, le costume-cravate est de mise. À la résidence du chef de l'État, la tenue est plus décontractée, le protocole relâché, surtout la nuit. Une tenue de ville, sans cravate, suffit. Un blazer est conseillé mais uniquement pour résister au froid polaire régnant dans la salle d'attente du fait d'une climatisation poussée à son maximum.

Avant de raccrocher, l'aide de camp m'informe que Laurence Logbo, l'épouse du président, souhaite aussi me voir et que l'entretien aura lieu le lendemain matin. Madame Logbo est une femme de caractère, au point que certains disent qu'elle est l'homme fort du régime. Je ne suis pas certain que cela soit aussi net : elle connaît ses limites et se tient soigneusement à l'écart du clan formé par les gens issus du « village » de son mari.

Surprise, je suis introduit dans le bureau dès mon arrivée. Le président, en bras de chemise, a le visage fermé et les traits tirés. Sa fatigue n'explique pas la tension palpable qui émane de lui. Seule touche de gaieté très relative : dans un coin de la pièce, un écran géant diffuse les images d'un match de tennis. L'une des sœurs Williams est au service.

— Heureux de vous revoir, Monsieur le Président.

— Comment va la France ?

— Dans le froid et la grisaille, inquiète des nuages qui s'amoncellent au-dessus de l'Akanie.

— Que les Français laissent l'Akanie traiter ses problèmes seule et le monde ne s'en portera pas plus mal. Tes dirigeants me détestent et font tout pour me faire tomber. Ils sont persuadés que je suis francophobe parce que je prends moins de précautions oratoires que mes prédécesseurs.

— Paris pense…

Je n'ai pas le temps de finir ma phrase avant que Logbo m'interrompe en me fusillant du regard. Une pratique qui n'est pas dans ses habitudes.

— Paris ne pense pas ! Ils savent tout du fait des écoutes ! Quand je veux un téléphone pour ce bureau, c'est à un Français de la DGSE que je le demande, de même pour mes écoutes… dont ils ont les copies à Paris avant qu'elles n'arrivent sur mon bureau. Paris veut que je demande la permission pour certaines décisions et je ne le ferai pas. Je suis élu et je ne dois de comptes qu'à mon peuple.

– En ville, la tension est palpable. J'ai observé la présence de mercenaires dans les couloirs de l'hôtel *Akani*.

— Tu veux parler de nos conseillers techniques qui forment nos partisans. Mon armée n'est pas digne de ce nom, juste une bande d'officiers bien trop occupée à faire des affaires pour veiller à la sécurité du pays.

Je ne peux pas lui donner tort. Ses prédécesseurs n'avaient pas confiance dans leur armée, ils l'ont donc privée d'entraînement et de moyens tout en favorisant la fortune des officiers : « Je veux autour de moi des hommes gras et gros qui dorment la nuit », disait César, cela aurait pu être la devise de cette armée. Une déficience qui était jugée d'autant plus secondaire qu'un régiment français était installé sur place.

— Vous envisagez une reprise des hostilités dans le Nord ?

— *Si vis pacem, para bellum*, comme on dit en France. Mon devoir est de défendre le pays. S'ils quittent la table des négociations, je les écrase. Cette fois, je ne me laisserai pas surprendre comme l'an dernier.

- Le tableau que me brosse Logbo est d'autant plus inquiétant qu'il passe sous silence les éléments qui pourraient lui être les plus défavorables. Au sein même de son clan, certains se désolidarisent. Isolé dans sa tour d'ivoire, il tourne en rond à la recherche d'une solution acceptable par tous et qui lui permette d'éviter d'avoir à affronter trop vite un scrutin. À l'écouter, il est disposé à racheter chaque leader de la rébellion pour quelques centaines de millions de francs CFA mais la communauté internationale s'y oppose. À croire qu'accords électoraux et achats de voix ne se pratiquent pas en France, que…

— Pas bon pour les affaires tout cela. Les groupes n'aiment pas l'instabilité et encore moins le risque de guerre.

— C'est ce qu'on dit. Pourtant les industriels se bousculent dans la salle d'attente de mon bureau. Pas les Français mais les autres : les Chinois, les Anglais, les Israéliens, les Indiens. L'Akanie est un pays riche qui connaît un décollage économique avant la crise… et on renouera avec une croissance rapide une fois cette parenthèse refermée.

— En parlant des Français, j'ai été approché par le représentant des frères Faivre au sujet du renouvellement de leurs concessions. Il est nerveux, il ne comprend pas pourquoi les choses n'avancent pas.

— Parce qu'ils ne m'écoutent pas ! Je vais leur renouveler leur concession. Comme j'ai déjà fait d'autres cadeaux à Paris ; mais je veux qu'ils acceptent mes exigences politiques.

— Politiques ?

— Oui. Politiques et non financières. J'exige que Christian vienne ici me serrer la main comme il l'a fait à Paris devant les photographes avec mon pire ennemi. Je veux qu'il me présente un plan d'investissement digne de ce nom et consacré aux zones rurales. Les montants annoncés me vont, je veux quelque chose de détaillé et je ne veux pas voir leur président local. Ils croient me faire plaisir avec un gars de mon ethnie, c'est n'importe quoi. Qu'ils le paient est une chose mais je ne veux pas le voir dans mon bureau. Le représentant local, le Français, me va bien. S'ils n'acceptent pas cela, il n'y aura pas de renouvellement de la concession.

— Rien de plus ? Tout cela ne me semble pas insurmontable…

— Si ! Je veux la garantie qu'ils ne verseront pas de commissions dans mon entourage. Personne ne doit « manger » sur ce dossier. Je ne veux pas que cela complique la signature. S'ils acceptent ces conditions, la signature peut intervenir dans deux semaines. Mais je doute que ce soit le cas.

Logbo sait aussi bien que moi que les frères Faivre le détestent et qu'aucun des deux n'est disposé à venir lui serrer la main. Ils considèrent que cela revient à aller à Canossa et que toutes les concessions ne sont pas bonnes à faire. Le profit potentiel n'est que peu de choses au regard de l'ego de ces prétendus capitaines d'industrie qui ne bâtissent guère.

En Akanie, une ex-colonie, toutes les erreurs possibles ont été faites en une petite dizaine d'années seulement, que ce soit sur le plan politique ou économique. La petite Suisse africaine d'hier est devenue désormais plus proche de l'ex-Yougoslavie que d'autre chose du fait de son instabilité structurelle. Les Français évacués au terme d'émeutes ne sont jamais revenus. Dans le même temps, les hommes d'affaires qui étaient en embuscade ont pu saisir les opportunités qui se présentaient.

*

Choc au moment du départ. Dans le discret salon d'honneur de l'aéroport, j'aperçois le « colonel[1] » Stepanik, un mercenaire serbe déjà croisé au Zaïre. Une vision qui me glace. Stepanik, lui, n'est pas à l'image des soldats perdus croisés à l'arrivée. C'est un tueur, un vrai, dont le nom est cité dans plusieurs massacres et sur lequel le Tribunal pénal international enquête depuis quelques années. Il ne se déplace jamais pour rien.

Trop tard pour essayer de savoir s'il a rencontré Logbo, mais une chose est certaine : Stepanik ne se déplace jamais gratuitement non plus. Billets d'avion et honoraires ont forcément été pris en charge par quelqu'un et le fait qu'il ait accès au salon d'honneur indique que c'est un proche du pouvoir.

Je sais à qui je vais faire plaisir à Paris avec cette information : mes correspondants chargés de suivre la mouvance mercenaire, qui ne manqueront pas de me renvoyer l'ascenseur le jour où j'en aurai besoin.

1. Il n'a jamais dépassé le grade d'adjudant au sein de la Légion étrangère. Il a néanmoins une vraie culture militaire et n'est pas du genre à fuir le coup de feu… bien au contraire.

IV

Contre-enquête sur un détective

Axel Bland au téléphone.

Il m'annonce, sous le sceau de la confidence, que le prince Issah ne sera bientôt plus client de sa banque. La décision a été prise par le directeur général en personne, sur la foi du dossier rédigé par le cabinet ! Une petite satisfaction que je ne vais pas manquer de transmettre aux équipes qui ont fait l'essentiel du boulot.

Nous nous promettons de déjeuner prochainement ensemble, en sachant que réussir à concilier nos agendas relève du tour de force. La dernière fois, de reports en annulations, il nous a fallu plus de quatre mois pour réussir à partager des agapes. Je profite du moment pour lui demander un coup de main.

— T'as encore une minute ?

— Pas beaucoup plus, mon rendez-vous vient d'arriver, mais vas-y.

— Gilles Leduc, tu connais ?

Leduc me poursuit depuis plusieurs semaines pour me présenter ses services et j'hésite entre ne pas donner suite, le recevoir ou le faire recevoir par un collaborateur. Ses mystères et phrases à double sens m'ont ennuyé plus qu'ils ne m'ont intrigué.

— Un ancien collègue, nos carrières se sont croisées mais on n'a jamais vraiment travaillé ensemble.

— Ton avis ?

— C'est un ancien collègue…

Je sens qu'Axel est gêné. Il hésite à me dire quelque chose.

— Tu me l'as déjà dit. Il veut absolument me rencontrer et multiplie les appels et courriers électroniques sans que je sache ce qu'il veut et donc comment le traiter.

— Ne perds pas de temps. Vous n'avez rien à vous dire.

— À ce point ?

— Je nierai te l'avoir dit, mais le capitaine de police Leduc n'aurait pas pris sa retraite de son plein gré. Il aurait été discrètement poussé vers la sortie pour avoir été mêlé à la disparition de scellés. Et ce n'était pas le premier accident de parcours.

— L'erreur est humaine…

— Sans doute mais quand tu sais que cela concerne un carton complet de documents et qu'ils ont été subtilisés lors du week-end de Pâques sans effraction, tu imagines la colère de la hiérarchie et je ne parle pas de la Place Vendôme. Il fallait que des têtes tombent… et qu'une épaisse chape de plomb étouffe tout risque de fuites.

Je me souviens de cette affaire qui avait déchaîné les passions, certains soupçonnant que les pièces « envolées » aient trait au chef de l'État en personne. L'opération avait été payée par un ami corse, toujours selon la rumeur. Les experts laissent entendre que cet exploit n'a pu être accompli sans des complicités internes importantes. Sans doute pas plus que chez cet opérateurs GSM où, quelques semaines plus tard, un coffre-fort fut subtilisé… par des « Branquignol » : il ne contenait pas d'argent mais des interceptions – bandes et retranscriptions en quantité. Certaines malheureusement dénuées de toute copie.

— Il a touché ?

— Je n'ai pas dit cela, mais je note qu'il n'a pas cherché à faire appel de la décision alors qu'il aurait pu. Il a accepté la sanction sans rien dire avant de créer sa petite agence de détectives[1]. Comme nombre d'autres anciens gendarmes et policiers qui veulent vivre.

— Et l'agrément ?

— Tu sais très bien que la préfecture ne s'embarrasse pas avec des enquêtes... C'est à peine s'ils vérifient les documents. Il a donc déposé un dossier classique et obtenu l'agrément sans surprise.

L'exercice de la profession d'APR, de détective, est soumis à autorisation administrative. Les conditions fixées sont théoriquement assez restrictives. Dans les faits, les vérifications sont tout aussi théoriques et l'agrément émis de manière quasi automatique sauf à avoir tué père et mère. Légalement, anciens policiers et gendarmes ne peuvent pas devenir APR durant les cinq ans qui suivent leur départ de l'administration. Une loi régulièrement contournée. La manière la plus fréquente est de demander l'agrément au nom d'un proche... qui sert d'homme de paille.

Les APR sont les soutiers de la profession, presque des intouchables. Mal payés, mal traités, mal considérés, ils accomplissent les basses œuvres, tout ce dont personne ne veut, le plus souvent en raison du risque encouru. Leurs donneurs d'ordres sont des cabinets d'intelligence économique payés par les grands groupes pour servir de fusibles en cas de problème. Si le cabinet d'intelligence économique n'hésite

1. La terminologie française est « agent privé de recherches » ou APR.

déjà guère à se couvrir par la multiplication des clauses relatives au respect de l'éthique, les groupes, eux, peuvent arguer du fait de s'être attachés les services d'un prestataire spécialisé de renom…

Ce sont ces APR, et non les cabinets d'intelligence économique, qui depuis quelques mois défraient la chronique – mais la confusion entre les deux activités est soigneusement entretenue. À dessein, peut-être : en effet ces APR, pour survivre, s'appuient le plus souvent sur leurs anciens collègues des forces de l'ordre ; et la nature étant ce qu'elle est, le dérapage de la confidence de fin de banquet se transforme en « services » réguliers qui peu à peu perdent leurs aspects gracieux pour être rémunérés, d'abord sous prétexte de rembourser des frais, puis on passe aux enveloppes sans justification autre que la matière livrée. Et là, la « simple » entorse au règlement devient un délit à part entière. Le gain, quelques dizaines d'euros, n'est en rien à la hauteur du risque encouru : quelques années de prison ferme.

— Et depuis, il s'est fait remarquer ?

— Pfff. Pas vraiment. Des perquisitions régulières mais guère plus. Son nom est murmuré de loin en loin dans des coups tordus. Rien de prouvé et rien de bien méchant. Son carnet d'adresses est vieillissant, donc ses potes se font de plus en plus tirer l'oreille pour répondre.

— Un *has been*…

— Il y a un peu de cela. Mais d'un commerce agréable, appréciant les bonnes tables et les vins. De plus en plus les vins d'ailleurs. À part des emmerdes et des notes de frais, je ne vois pas vraiment ce qu'il peut t'apporter.

— Rien à l'international ?

— Sans doute un peu en Espagne et en Grande-Bretagne, peut-être en Belgique. Éventuellement la Suisse. Mais pas dans tes terrains de chasse habituels. Il dit qu'il est protégé par un commissaire…

— Ok. On sait toi et moi ce que cela veut dire…

— Je penche plus pour l'inconséquence qu'autre chose. Il doit arroser un taulier[1] et tout cela tiendra jusqu'au jour où la hiérarchie voudra faire un exemple. L'heure est à la tolérance zéro.

— Tu utilises des APR toi ?

— Nous, on ne fait rien en France et très peu de sous-traitance de manière globale ; justement pour éviter les risques liés à ce type de dérapage.

— Alors, continue comme ça. À l'étranger, tu ne risques rien ou presque ; en France, au moindre faux pas tu auras un juge sur le dos et il ne te fera pas de cadeau. Au contraire, il risque de médiatiser le dossier.

Le marché de l'investigation est une niche au sein de celui de l'intelligence économique qui est une niche à peine plus grande… Dans ce contexte, les missions intéressantes ou gratifiantes sont rares, et nombreux sont ceux qui passent leurs journées à chercher le client plutôt que de chercher sur le terrain. Il est vrai que depuis la disparition du constat d'adultère puis l'obsolescence du divorce pour faute, les missions « alimentaires » tendent à disparaître. Reste encore les petites fraudes en entreprise mais la création des « directions de la sûreté » au sein des entreprises réduit aussi le champ des possibles.

1. Le taulier est le commissaire chef de service dans le jargon policier.

La concurrence tire les prix à la baisse chaque année. Et la peur du scandale fait que le nombre des missions intéressantes se réduit comme peau de chagrin. Ce qui ne fait qu'accroître les risques de dérapage pour assurer les fins de mois. Cela commence le plus souvent par un simple service, ensuite le naufrage est rapide : espionnage à la petite semaine, manipulations politiques plus ou moins sérieuses. Avec, dans tous les cas, le recours à la tricoche[1], c'est-à-dire à la corruption de fonctionnaires dans le seul but de dissimuler les lacunes du dossier et d'assurer la rémunération d'un travail inexistant ou presque.

Ainsi des jours de prestation sont facturés, par exemple, pour déterminer le train de vie de M. X, alors que les recherches se limitent à deux coups de fil à d'anciens collègues (et quelques billets glissés) : l'un pour avoir le STIC (antécédents policiers) et les cartes grises[2] (éventuellement le permis de conduire), et l'autre pour un FICOBA, autrement dit l'extraction du fichier de la Banque de France comportant la liste exhaustive de tous les comptes bancaires d'un individu, y compris ceux fermés, joints[3], etc. Les plus consciencieux iront jusqu'à chercher à obtenir une FADET, autrement dit la facturation téléphonique détaillée afin d'évaluer les liens

1. La tricoche est le nom donné par la profession au fait qu'un fonctionnaire arrondisse ses fins de mois en se faisant rémunérer en échange de menus services. Légalement, c'est de la corruption pure et simple et donc condamnable à ce titre… contrairement à ce que voudraient faire croire certains en appelant à la mise en place d'outils légaux permettant de sanctionner ces dérives. L'expression vient du film *Tricoche et Cacolet* avec Fernandel.
2. Un cadre supérieur s'est ainsi fait prendre parce qu'il roulait avec une Jaguar louée par un de ses prestataires. Situation qu'il fut dans l'impossibilité de justifier.
3. Il n'est pas rare de trouver des comptes joints avec la maîtresse, voire l'amant de la cible.

entre les personnes. C'est un peu plus coûteux, parce qu'un peu plus difficile à obtenir, mais revient moins cher qu'une longue et difficile filature avec tous les risques qu'elle représente. Des recherches documentaires qui le plus souvent demandent à être retravaillées : au moins le quart des informations du STIC sont erronées ou inexploitables[1], le FICOBA n'est pas forcément à jour[2], etc.

Loin de moi l'idée de jeter la pierre aux APR, ni même de mettre tout le monde dans le même panier. D'autant qu'une des raisons profondes de cet état de fait est qu'une fois de plus l'État a commencé une réforme sans l'achever. Les APR sont des auxiliaires de justice et à ce titre réglementés. Mais ils ne tirent aucun avantage de cette situation. Ne serait-il pas plus simple de leur donner un accès réglementé et traçable aux fichiers, à l'image d'autres professions, plutôt que de laisser se développer un métier qui réalise l'essentiel de son activité dans l'illégalité et de manière totalement anarchique ?

En revanche, je n'ai pas vraiment l'impression de faire le même métier que les APR, contrairement à une confusion sciemment entretenue puisque leur travail n'apporte rien dans 95 % des véritables missions d'intelligence économique ! Le pointillisme proposé par les éléments que peut fournir un

1. Comment exploiter le fait qu'un individu a été interpellé avec un peu de haschich sur lui au sortir de l'adolescence… ou une bagarre. Sans parler du fait que les personnes entendues comme témoins sont régulièrement classées parmi la catégorie « auteurs » à défaut de pouvoir entrer dans celle des victimes, seule alternative disponible. Pire, le fichier ne donne pas les suites judiciaires d'un dossier. Ainsi, quelqu'un qui a été suivi pour tentative de meurtre peut être totalement innocent mais voir sa réputation entachée.

2. L'auteur a découvert récemment, au cours d'un contrôle, que « son » FICOBA (Fichier de la commission bancaire) faisait encore mention de comptes fermés depuis plus de dix ans…

APR est très éloigné des attentes des clients traditionnels. Cela relève bien plus souvent de Clochemerle que de la stratégie industrielle.

Sortie de piste ?

Le milieu fermé de la Formule 1 – au point que certains de ses piliers parlent de « peuple élu » – bruisse très régulièrement de rumeurs d'espionnage économique depuis près d'une décennie. En fait, si l'on en croit ce qui se dit dans les paddocks chez les prestataires, le phénomène atteint des sommets depuis que les écuries ont vu leur budget s'envoler et les écarts de performance se réduire. Cela explique sans doute aussi la multiplication des mesures de sécurité prises par les équipes luttant pour le titre mondial.

C'est ainsi qu'une écurie britannique s'est assurée les services d'acousticiens chargés de travailler les échappements. Le but n'est pas tant d'améliorer les performances que d'empêcher les autres écuries d'enregistrer les régimes moteur lors du passage dans la ligne droite des stands.

Un sous-traitant, lui, offrit plusieurs dizaines de milliers d'euros pour obtenir un morceau de la gomme du pneu avant gauche de la Ferrari de Michael Schumacher. Demande d'autant plus surprenante que, selon un manufacturier bien connu, cela ne pouvait apporter aucune donnée réellement exploitable tant le pneu est altéré au terme de la course.

Au même moment, un autre cherchait à acquérir quelques décilitres de carburant Elf, celui utilisé par la voiture championne du monde. Quelques décilitres peuvent sembler bien peu de choses mais le carburant étant particulièrement protégé à divers titres, il serait impossible de subtiliser plus d'un demi-litre sans que cela se sache immédiatement. L'excuse du soupçon de fraude sur la qualité du carburant invoquée au moment des faits ne tient pas : il aurait suffi de protester officiellement !

Au sein de l'écurie tricolore, l'émoi fut suscité il y a quelques années par les déclarations d'un sous-traitant qui déclara avoir vu chez BMW les plans du moteur RS21. Émotion décuplée par le fait qu'il s'agissait d'un prototype que les ingénieurs de Viry-Châtillon pensaient développer dans le plus grand secret… et par le fait que plusieurs mois d'enquête permirent de détecter la présence de proches des services allemands. Au premier rang desquels un cadre parisien du BND qui fut sèchement prié de regarder ailleurs. Cette affaire raviva d'autres mauvais souvenirs : Renault F1 a été victime d'un vol de moteur qui pesa lourdement dans la décision de se retirer de la F1 au milieu des années 1990.

Jusque récemment, ces affaires n'allaient jamais devant les tribunaux. C'est désormais fini. Au printemps 2009, le tribunal de la FIA[1] *s'est penché sur la détention par Mc Laren des plans de la Ferrari 2007… C'est peut-être aussi pour mettre un terme à ces pratiques que la FIA s'est récemment dotée d'un directeur de la sécurité…*

1. Fédération internationale de l'automobile.

V

Matignon s'interroge

Samedi matin. L'annexe de Matignon est déserte. Le conseiller qui m'a demandé de venir le rencontrer tient une de mes notes posée devant lui sur son bureau Empire. Ma petite bafouille est une réflexion sur l'utilité de voir apparaître un coordinateur gouvernemental en matière d'intelligence économique, une fonction destinée tant à faire le lien entre l'administration et les entreprises qu'à mettre de l'ordre dans le secteur.

Le ton est formel, presque solennel. Nous nous connaissons à peine pour nous être croisés chez un ami commun au cours d'un de ces interminables dîners parisiens où il faut être présent. Il faut surtout s'abstenir de dire autre chose que des futilités qui ne pourront pas être retenues contre vous par la suite.

J'ai quitté les couloirs des palais de la République depuis longtemps ; pour l'homme assis devant moi, il n'y a pas de salut ou presque hors du secteur public… jusqu'au jour où il se décidera à pantoufler dans le privé. Pour l'instant, servi par un huissier en habit, il est sûr de son pouvoir.

— Vous avez lu le rapport parlementaire ?

— Comme tout le monde. Et j'ai été auditionné par ses auteurs, là aussi comme tout le monde ! Un travail rapide mais sérieux. Conforme à la lettre de mission qui est publiée avec.

— Est-ce une réserve ?

— Je ne me permettrais pas !

Mon sourire montre que je n'en pense pas un mot.

Je ne le connais pas assez (ou trop bien) pour m'engager sur un terrain aussi glissant. Je sais, par une indiscrétion, que Matignon a confié la mission au député dans le seul but de préempter le sujet. Une précipitation inhabituelle mais liée à la crainte de voir un membre du gouvernement s'emparer du sujet et en faire un cheval de bataille, un argument médiatique pour le ministre. La politique a cédé le pas pour laisser place à la tactique, mais c'est désormais de l'histoire avec un tout petit « h » dont on parle. Des batailles dignes du village gaulois d'Astérix mais certainement pas de la Nation des Lumières, ni même de la cinquième puissance économique au monde. Mais ce type d'argument n'intéresserait pas mon vis-à-vis, il est trop engagé dans ce qu'il pense être de la Politique et qui n'est, en fait, qu'un simple combat partisan. Sauf à faire bonne figure lorsqu'il s'agit de festoyer devant les caméras, de montrer une image présentable au bon peuple.

— Notre ami commun m'a transmis cette note et j'aimerais que nous allions plus avant si vous le voulez bien.

— Vous me faites beaucoup d'honneur. Je suis un praticien qui tente de réfléchir sur son métier mais je manque sans doute du recul nécessaire. Cette note vise à transcrire les attentes de mes clients telles que je les ai perçues et non celles de la profession. Elle est d'ailleurs antérieure à la publication du rapport.

Je suis régulièrement effaré par le temps que mes collaborateurs et moi-même passons à traduire les attentes et limites des uns aux autres. Et cela est vrai dans les deux sens. Il ne s'agit pas de mauvaise volonté, juste d'une incapacité à se comprendre tant les logiques et les agendas s'affrontent, même lorsque les intéressés aspirent à travailler ensemble. Ainsi, l'entreprise, désormais mondialisée, se méfie de l'État et des contreparties qu'il peut attendre ; alors que l'État peine à se mettre au service d'un de ses usagers. Situation qui tient au moins autant à des rythmes de fonctionnement qu'à des priorités différentes.

— Ce rapport… Il ne correspond pas forcément à nos espoirs ; mais il a le mérite d'exister même si cela va nous poser quelques problèmes.

— Des problèmes ?

— Oui. Il favorise la communication de son auteur bien plus qu'il n'apporte des solutions. C'est un état des lieux, presque un catalogue, mais il ne présente pas de solutions à proprement parler.

— Certes.

— Nous voulions des réponses, nous nous retrouvons avec des questions supplémentaires.

— Ce n'est pas le premier rapport de ce type qui finira aux oubliettes.

En disant cela, je pense au rapport Martre, rapport fondateur de l'approche française en matière d'intelligence économique, publié en 1994, et qui ne survécut que quelques semaines au gouvernement Balladur, victime collatérale de l'affrontement entre chiraquiens et balladuriens. Je doute que le jeune conseiller l'ait lu, ni même qu'il en ait entendu parler…

Accuser ce rapport parlementaire de tous les maux est aisé, même une pratique assez courue depuis sa publication, mais, en dépit de quelques imperfections, il a le mérite d'avoir ouvert le débat et de proposer de très nombreuses pistes de réflexion. Peut-être trop nombreuses, les rédacteurs ayant donné la priorité à l'exhaustivité plutôt qu'à l'efficacité. Reste au pouvoir politique à faire des choix et visiblement, c'est là que les choses se corsent. Matignon aurait préféré quelque chose de plus « accessible », autrement dit du prêt-à-penser dont il aurait été aisé de tirer quelques mesures pour satisfaire les attentes. Là, l'importance de l'enjeu fait que la pression est forte, les interventions nombreuses et audibles de la part de ceux qui veulent le poste comme de ceux qui espèrent y trouver un argument électoral, sans parler de ceux qui justifient la perte de marché par le fait que l'on n'a pas en France une vraie politique d'intelligence économique digne de ce nom.

— Vous n'y pensez pas. Certains n'attendent que cela pour stigmatiser l'action du Premier ministre. Nous devons faire la preuve de notre implication, de notre vision. Je ne vous rappellerais pas que les élections ont lieu dans quelques mois.

— Peut-être que vous n'aurez pas le droit à l'erreur. En cas de raté, nous pourrons faire notre deuil d'une structure au niveau gouvernemental.

Je lui résume rapidement mes discussions en matière d'intelligence économique avec les responsables de plusieurs groupes de premier plan. S'ils sont prêts à accueillir avec bienveillance une initiative gouvernementale – ils l'appellent même de leurs vœux – ils ont pris leurs dispositions depuis longtemps pour vivre sans véritable soutien gouvernemental.

Tous ont développé des réseaux personnels au sein de la haute administration voire des décideurs politiques, réseaux qui permettent de naviguer à vue sans trop d'encombres et obtenir ce dont ils ont besoin. Certes, ils y dépensent énormément d'énergie, mais ils y sont habitués et sont disposés à continuer ainsi. De l'autre côté, l'État veut mettre un terme, ou au moins limiter, les échanges d'informations qui ne seraient pas sous contrôle, estimant qu'elles présentent un risque majeur.

— Notre analyse est qu'un tel poste de coordinateur, pour fonctionner, doit être placé au niveau interministériel et doté d'une certaine autorité, me dit le conseiller sans que je sache si c'est une question ou une affirmation.

— Entièrement d'accord avec vous, mais il faut aussi placer le poste à l'abri des aléas tels que les remaniements. Il ne peut donc être rattaché à un cabinet ministériel. Et le titulaire devra avoir non seulement l'autorité requise pour peser sur les différentes administrations, y compris les services de renseignement, mais aussi être crédible pour les entreprises. Autrement dit, avoir leur vocabulaire et l'expérience d'un passage dans le monde de l'entreprise. En un mot, il doit avoir l'oreille du président.

Dans un monde idéal, le poste aurait été rattaché à l'Élysée au travers d'une des structures en place, qu'il s'agisse de l'état-major particulier, du secrétariat général de la présidence, etc.

Personne ne le sait encore, mais ce bel édifice sera battu en brèche par le Conseil d'État qui estimera que la personnalité juridique doit être préservée à tout prix (comme celle du Premier ministre) et c'est pour cela que la responsabilité de ce poste est administrativement rattachée au SGDN. Sachant que l'on reproche à ce dernier de faire preuve de mauvaise volonté, alors que parallèlement on lui impose une bombe à retardement dans ses murs et que c'est à lui de payer l'explosif.

— Cela va réduire considérablement le nombre de candidats.

— Trois personnes au mieux répondent aux critères si j'en crois le petit sondage que j'ai mené auprès d'une quinzaine de mes clients.

Je me propose d'organiser deux ou trois déjeuners pour mettre face à face le conseiller et les futurs « clients » du coordinateur, mais aussi de lui faire une note plus circonstanciée… en pensant qu'il dira non, que les jeux sont déjà faits. Il n'en est rien. Au contraire, il est presque enthousiaste. Mieux, il affiche une ambition réelle, évoquant la création d'une *War Room*, et d'un *Advocacy Center*, sans que j'arrive à savoir s'il sait ce que cela recouvre et quels moyens l'État entend consacrer à cette mission.

La question des moyens est centrale : sans indépendance budgétaire, pas de crédibilité ! Dans l'administration, on n'existe que par le poids de son budget et la personne à qui on rend compte. Un point qui est forcément connu de mon interlocuteur dont c'est la culture.

Lorsque l'entretien s'achève, je suis presque optimiste quant à la volonté gouvernementale. J'ai l'impression que l'exécutif a compris l'importance de l'enjeu pour nos entreprises et qu'il est disposé à créer le guichet unique que tout le monde appelle de ses vœux et à donner l'impulsion qui permettra de crédibiliser la fonction.

Autant d'espoirs qui s'effondrent lorsque mon interlocuteur lâche : « Vous savez ce que c'est, le Premier ministre veut conserver l'initiative par tous les moyens. Pour cela, il lui faut des annonces rapides mais les modalités concrètes, tout le monde s'en fout… Tant que l'on tient le calendrier… »

Le poste sera donc ce que voudra bien en faire le titulaire, et il devra savoir qu'il ne pourra compter que sur ses propres forces.

Un enterrement de première classe au regard de l'ambition initiale.

VI

L'alliance pique du nez

Je n'ai pas fermé l'œil depuis près de trente-six heures.

Parti de Paris la veille au soir à bord du vol en direction de Sao Paulo, je n'ai pas réussi à dormir une seule seconde durant la douzaine d'heures de vol. Sans que je sache si cela est le fruit de mes insomnies habituelles ou le résultat du stress lié à la mission qui m'est confiée par Jean-Bernard Lucat d'Air Jet.

*

Lucat, la cinquantaine fringante, est un ancien commissaire divisionnaire reconverti depuis peu dans l'aéronautique. Chargé de mettre sur pied la cellule intelligence économique du transporteur, il ne fait pas mystère de son souhait de finir sa vie professionnelle à Air Jet où il a l'oreille du président et de son entourage.

Lorsqu'il m'a proposé la mission, Lucat m'a résumé ses attentes de manière précise et directe.

— Nous envisageons un partenariat avec la compagnie aérienne AeroBras. Sur le papier tout va bien, AeroBras est en bonne santé financière et respecte à la lettre les standards internationaux en matière de maintenance aéronautique, de gestion des équipages. Nous aimerions faire une dernière vérification, on n'est jamais trop prudent…

— Ce n'est pas vraiment mon domaine. Je ne suis pas ingénieur, encore moins pilote de ligne. J'ai tout juste quelques amis au Brésil et des contacts qui pourraient me faire des confidences.

— C'est exactement ce que l'on souhaite. Une étude technique n'apporterait pas grand-chose, sauf à y passer des semaines avec des coûts exorbitants que nous ne pouvons pas nous permettre à ce stade.

Il prend le temps de me détailler la *data room* mise en place par les Brésiliens et l'implication de certains des cadres d'Air Jet soucieux d'arriver à un accord à n'importe quel prix, mais surtout l'habituel travail en silo.

Les financiers font leur boulot mais ne parlent pas aux juristes, qui ne parlent pas aux techniciens, etc. Tout cela dans une urgence relative assez classique. Chacun a noté des petites anomalies, mais prises séparément elles ne sont pas très significatives et pas forcément retranscrites dans le rapport final. Sans compter l'autocensure possible de certains cadres et l'enthousiasme de l'ambassade trop heureuse de conclure un marché de cette taille entre les deux États. En fait, comme souvent, l'information recherchée existe probablement déjà au sein d'Air Jet mais ce n'est pas pour autant qu'elle est aisément accessible à ceux qui en ont un besoin urgent.

— OK. Je vais aller faire quelques entretiens mais je risque de n'avoir que des rumeurs difficilement exploitables et non quelque chose de vraiment utile au processus de décision.

— Surtout qu'il nous faut le rapport dans six jours afin qu'il soit analysé et intégré – ou pas – à la présentation qui sera faite au conseil d'administration. On peut encore tout arrêter mais ensuite ce sera difficile. L'investissement financier n'est pas énorme, une cinquantaine de millions de dollars, mais l'image pourrait en prendre un coup si on découvrait que la mariée n'est pas aussi belle que prévue ou si l'on se retrouvait avec un crash sur les bras… Faire du *code-share*, autrement dit mettre nos numéros de vol sur leurs avions, implique que nous soyons responsables en cas d'accident.

— Je peux partir demain.

Dans ce type de mission, le coût n'est pas la priorité. Il est même presque accessoire. Une mission d'intelligence économique ne pèse rien au regard des honoraires des banquiers, avocats, etc., directement impliqués dans le processus. L'offre est parfois le dernier document rédigé, une fois les rapports rendus. C'est à la fois une question de confiance et de réactivité.

— Le billet d'avion sera à disposition à l'aéroport. On a un vol demain soir pour Sao Paulo.

Juste le temps de reporter les rendez-vous prévus dans la semaine et de faire mon sac après une rapide recherche documentaire sur AeroBras. Un fond de dossier à lire dans l'avion afin d'avoir le vernis requis pour parler de cette firme en ayant l'air relativement informé, mais aussi – surtout ? – afin d'évaluer assez rapidement la fiabilité des interlocuteurs rencontrés. Dans ce domaine, le risque n'est pas tant le véritable escroc à l'information prêt à vendre n'importe quelle information plus ou moins frelatée, mais le vieil ami qui croit pouvoir rendre service et « force » sa mémoire, voire se livre à des élucubrations. Le recoupement doit être systématique.

Le Brésil est un pays difficile mais où tout est possible. À condition d'avoir de l'argent et du culot.

Je me souviens d'un autre dossier : le client souhaitait importer des machines-outils particulièrement innovantes pour un de ses sites de production et pensait avoir pris toutes les précautions requises. J'avais formulé des mises en garde mais son choix avait été de passer outre, en estimant qu'un déploiement de forces même limité serait contraire à la discrétion recherchée.

Effectivement tout avait été prévu, y compris des camions neufs pour assurer le transport des machines jusqu'à l'usine et quelques soutiens au sein des forces de l'ordre au cas où… Mais on n'avait pas prévu que le concurrent serait assez influent pour faire changer le directeur des douanes de l'aéroport cinq jours avant l'arrivée des machines et que le nouveau responsable déciderait de les bloquer dans ses hangars pour s'assurer qu'il s'agissait bien des machines annoncées. Une rétention qui dura quelques heures à peine. Les experts avaient estimé qu'un bon technicien, laissé vingt minutes seul à explorer les entrailles de l'appareil, comprendrait rapidement où se situait l'innovation et comment il pourrait s'en inspirer… Les vérifications faites à l'arrivée dans l'usine ne firent que confirmer ce qui était subodoré : les caches destinés à protéger les parties originales avaient été retirés et replacés quelque peu hâtivement.

Une vieille histoire mais de nature à m'inciter à la plus grande prudence dans mes recherches et surtout dans les recoupements. D'autant que les premières vérifications ne font que conforter les conclusions d'Air Jet : AeroBras est apparemment saine, bien gérée, avec pour seul bémol une flotte vieillissante du fait de difficultés de trésorerie récurrentes. La succession de rendez-vous n'a pas permis de lever le moindre lièvre et je m'interroge sur l'utilité de poursuivre la mission et donc d'engager des frais supplémentaires lorsque mon portable sonne.

— Tu as un peu de temps pour rencontrer un de mes amis ?

À l'autre bout de la ligne, Pierre Miala, un ami installé au Brésil depuis près de dix ans pour le groupe pharmaceutique Zagor. Nous nous sommes vus le matin même pour nous rappeler le bon vieux temps, quand nous vivions en Argentine et faisions les quatre cents coups. Pierre m'a promis de passer quelques coups de fil à des amis sûrs pour voir s'il peut m'aider.

— Avec plaisir ! J'ai un dîner mais on peut se voir avant si tu le souhaites, je viens de revenir à l'hôtel.

— On arrive dans moins de dix minutes, me lance Pierre en raccrochant.

À peine le temps de jeter un œil à mes mails et de traiter deux ou trois urgences, dont l'habituel coup de fil du soir à la maison pour savoir si tout va bien et dire que je suis en vie. Il y a une convocation du ministère de l'Intérieur au courrier, m'apprend mon épouse, inquiète. Je ne sais pas de quoi il s'agit et il est trop tard pour appeler l'officier désigné sur la convocation ce vendredi soir. Il me faudra attendre lundi pour savoir, j'espère être rentré d'ici là. J'en suis là lorsque la réception m'informe de l'arrivée de deux visiteurs.

Pierre prend le téléphone pour me dire qu'ils m'attendent au bar.

En fait, ils sont installés dans un des profonds canapés en cuir du bar, loin du passage du hall et bien à l'abri des regards. Je profite de la présence du serveur occupé à prendre la commande pour demander un *mojito* en espérant qu'il ne va pas rester là sous prétexte que nous sommes la seule table occupée.

— Comme je te le disais, Joao Pinheiro est assureur mais aussi un ami de la France, me rappelle Pierre.

— Francophone aussi. Francophile parce que votre pays m'a accueilli durant les années de la dictature militaire, sans cela je serais sans doute mort aujourd'hui, s'empresse d'ajouter Joao dans un français parfait, à peine teinté d'une légère pointe d'accent.

La soixantaine élégante et discrète, Joao laisse transparaître son aisance financière par petites touches dont le chrono en or blanc qu'il arbore au poignet. Il pourrait passer inaperçu au premier regard alors qu'il vaut quelques dizaines de milliers d'euros.

— Je vous remercie de prendre quelques instants pour me rencontrer dans un délai aussi court, dis-je sans savoir ce que Pierre lui a dit de ma mission.

— Je ne sais pas en quoi AeroBras vous intéresse mais je ne peux que vous inciter à éviter leurs lignes, comme le font les Brésiliens un peu responsables ou informés depuis près de dix-huit mois, assène-t-il avec un petit sourire.

Joignant le geste à la parole, il attrape une pochette en cuir noir dont il extrait un épais dossier dénué de toute mention qu'il pose devant lui sans l'ouvrir.

— Vous pouvez m'en dire un peu plus ?

— Commençons par le moins grave : certaines primes d'assurance ne sont plus réglées depuis des mois, dit-il en tapotant le dossier.

— C'est un souci, mais cela ne met pas en cause la sécurité ou le projet de mes clients : ils n'ambitionnent pas de racheter l'entreprise.

— Ce n'est pas tout… Ainsi, les équipages ont vu leur temps de repos se réduire comme peau de chagrin. Officiellement, rien n'a changé dans les faits, mais, pour effectuer autant de vols qu'avant la réduction des équipes à l'automne dernier, ils ont dû augmenter les cadences. Ce ne sont pas celles d'Air Jet…

— Très intéressant. Mais jusqu'à quel point ? Vous savez, le personnel d'Air Jet bénéficie de rythmes qui ne sont pas comparables à ceux d'autres compagnies occidentales tout aussi respectables.

— Vous savez combien d'heures de vol séparent Sao Paulo de Miami ?

— Autour de huit heures, peut-être neuf.

— C'est exactement cela. Trouvez-vous normal qu'un équipage fasse l'aller-retour dans la journée avec uniquement un peu plus de trois heures d'escale en Floride ?

— Les pilotes aussi ?

— Oui. Hôtesses et techniques sont traités de la même manière. Mais là n'est pas le plus inquiétant. La maintenance des apparcils n'cst plus assurée avec la rigueur requise. Non seulement certaines opérations ont été reportées mais la recherche du moins-disant a amené les services techniques à se tourner vers des fournisseurs à la réputation discutable.

Sans arrêter de parler, il ouvre son dossier et en sort quelques documents qui ressemblent fort à des originaux et qu'il étale sur la table devant lui. De mon côté, j'en profite pour sortir un petit carnet et griffonner quelques notes rapides.

— Des contrefaçons dans les approvisionnements ?

— La rumeur l'évoque mais je n'ai jamais pu le prouver. En revanche, certaines pièces seraient de seconde main si j'en crois la personne qui m'a donné ces factures.

Je ne sais quoi penser de cette source tombée du ciel. Est-il là par amitié pour Pierre ou, a contrario, mandaté par un projet concurrent d'Air Jet ? Il est sûr de lui, son propos est accompagné de documents qui semblent originaux, c'est presque trop beau pour être vrai. Une manne tombée du ciel que je ne peux prendre pour argent comptant tant que je n'aurais pas vérifié non seulement les dires mais aussi les documents. Une fois que l'on sait où se situe le problème, la recherche est toujours plus simple, mais le travail de vérification va être long et minutieux. Un travail de bénédictin qui n'a rien à envier à celui d'un enquêteur traditionnel.

— Comment le représentant d'Air Jet ici peut-il ne pas être au courant ?

— Qui vous a dit cela ? La question lui a-t-elle été posée directement ? J'ai cru comprendre que sa hiérarchie s'était contentée de le tenir à l'écart des négociations sous un prétexte fallacieux. Et comme il n'a pas envie de se retrouver muté dans un trou pour avoir gêné ses chefs…

Je me retiens de sourire mais Joao vient de me donner le fil d'Ariane qui me manquait. Non seulement je sais dans quelle direction chercher, mais en plus j'ai quelqu'un d'Air Jet qui disposera sans doute d'informations complémentaires à celles que je viens d'obtenir. Par ailleurs, j'ai quelques idées pour vérifier l'authenticité des documents : un ami à la direction d'Airbus devrait pouvoir me dire si les achats d'AeroBras ont subitement chuté et s'il connaît les circuits parallèles évoqués.

Lucat sera content. Même s'ils savent que cela fait partie des risques du métier, les clients rechignent toujours un peu à payer pour une mission « blanche » dont les résultats ne leur permettent pas de lever un doute ou d'apprendre quelque chose. Rares sont ceux qui décident de confier une mission en intelligence économique sans avoir une idée (pas forcément précise) de ce qu'ils cherchent, un agenda caché qui ne regarde pas l'intervenant extérieur.

Voilà de quoi éviter d'influencer les conclusions de la recherche. À l'instar d'une enquête judiciaire, la mission d'intelligence économique doit impérativement éviter l'écueil d'une instruction à sens unique, qu'elle soit à charge ou à décharge. Sous peine de passer à côté de l'essentiel.

Vingt-quatre heures plus tard, content de l'information et des documents obtenus, je quitte Sao Paulo en me demandant ce que me veut la police. J'ai beau tourner et retourner dans ma tête les missions des derniers mois, rien ne justifie que la police s'intéresse à moi autrement que pour les échanges que nous avons de temps en temps, comme c'est le cas avec tous les acteurs de la profession, même s'il n'est pas de bon ton de le dire.

Une fois à bord pourtant, je dors avant même que l'avion ait atteint son altitude de croisière. Un sommeil réparateur dont je ne saurais dire s'il est aussi celui du juste.

VII

Secret défense

Je suis en retard. La convocation était à 9 h 30, il est prêt de 10 heures et je suis toujours englué dans la circulation parisienne. Impossible de joindre l'officier qui l'a signée, le numéro de téléphone ne répond pas. J'espère qu'il ne va pas penser que je lui pose un lapin, ou pire que je suis en train d'essayer d'échapper à ses questions sous un prétexte quelconque.

Quelques minutes après 10 heures, je grimpe à toute vitesse la volée de marches qui sépare le hall de la DST – ancêtre de la DCRI[1] – de la chaussée et décline mon identité à un planton qui semble en passe de mourir d'ennui. Il jette à peine un regard à la convocation que je lui tends avant de faire signe à un quadra en civil. Il fait un pas vers moi avant de m'indiquer de le suivre d'un geste autoritaire qui n'appelle aucune discussion. Et là, première surprise : au lieu de me guider vers les bureaux de l'étage où j'ai déjà été reçu, on descend dans les entrailles, pour ne pas dire les caves du bâtiment.

Trois niveaux plus bas, au bout d'un long couloir segmenté par de lourdes portes, j'entre dans une pièce peinte en bleu décorée d'un seul petit bureau métallique sur lequel repose un ordinateur vétuste, hors d'âge, et un téléphone tout aussi

1. La DCRI (Direction centrale du renseignement intérieur) regroupe depuis 2008 les services des ex-Renseignements généraux et l'ancienne DST (Direction de la surveillance du territoire).

anachronique. Une odeur légère mais désagréable, mélange de peur et de transpiration, flotte dans l'air. L'atmosphère surchauffée est étouffante. Mon guide s'efface pour me laisser passer la porte et referme immédiatement derrière moi. Je m'attends à entendre un lourd verrou claquer à la manière d'un mauvais scénario de film noir mais il n'en est rien.

Face à moi, deux policiers jeunes, l'air plutôt avenant. Sur la droite, debout, sanglé dans un costume sombre ouvert sur une chemise du même bleu que ses yeux, fermée d'une cravate club, le commissaire Francois-Éric Bellay, que ses hommes ont surnommé Torquemada. Je me suis toujours demandé si c'était en raison de ses talents en matière d'interrogatoire ou son incapacité à faire confiance. Pourtant Bellay est ce que l'on peut appeler une vieille connaissance. Notre rencontre date de mes années africaines, il chassait alors les mercenaires et autres spécialistes du coup d'État « clés en main » alors que je conseillais des présidents africains. Notre coopération de l'époque s'était avérée fructueuse.

Je ne l'ai pas vu depuis plusieurs années mais il n'a pas changé : le visage dessiné à coups de serpe, le cheveux blond coupé de frais, presque ras, et un petit sourire narquois aux lèvres. La conversation s'engage comme si nous ne nous étions pas vus depuis la veille. L'échange est courtois, comme dans le passé, presque détendu. Je me retiens pour lui demander ce qui motive sa présence. Je sais qu'il a changé de poste et s'occupe désormais tant de la sécurité interne de la DST que de la compromission du secret de défense, autrement dit tout ce qui concerne la violation des règles d'habilitation, au premier rang desquelles les fuites plus ou moins organisées. Des activités qui me semblent bien éloignées de mes préoccupations quotidiennes.

— Bon, on va y aller. Nous sommes dans un contexte judiciaire. Dès lors, merci de vous contenter de répondre aux questions en évitant les digressions, me prévient Torquemada soudain solennel.

— Tout ce que je vais dire pourra être retenu contre moi ?

Ma réponse a été trop rapide, dite d'une voix mécanique et pas assez « souriante » pour réussir à dissimuler le malaise qui m'envahit.

— Et même plus encore ! reprend le fonctionnaire placé devant l'ordinateur.

Il ne lève pas le nez du clavier, sans doute trop occupé à taper à deux doigts, consciencieusement, mes noms, prénoms, filiation, pendant que son compère compulse l'épais dossier qui vient d'apparaître sur la table. Visiblement, ils ont bossé avant de me convoquer. Reste à savoir si le travail a été bien fait, si les éléments dans le dossier sont fiables ou relèvent du procès en sorcellerie : je ne sais toujours pas pourquoi je suis là.

En lisant mon dossier à l'envers, j'identifie quelques noms connus de la profession et commence à me faire une opinion à défaut de comprendre ; mais je prends soin de ne rien laisser paraître. Pas envie de dilapider l'infime avantage que je viens de gagner. Ils sont sympathiques mais jusqu'à quand ?

— Je suis mis en examen ou placé en garde à vue ? dis-je en cherchant le radiateur du regard.

Surprise, il n'y en a pas ! Le chauffage passe sans doute par un des gros tuyaux du plafond. S'ils décident de m'accrocher, ils ne pourront le faire qu'à l'un d'eux ou à l'anneau situé au mur.

— Non, c'est une audition. Vous êtes témoin, rien de plus, rétorque l'officier toujours calé derrière l'ordinateur.

Torquemada acquiesce d'un signe de tête. Il est mal à l'aise mais je n'arrive pas à comprendre pourquoi. Si c'est bien une audition, il n'y a pas vraiment de contrainte, je peux partir quand je veux ou presque. La situation est agaçante, mais guère plus.

— Bon. Êtes-vous au fait que des documents classifiés circulent dans Paris, hors des canaux officiels. Certains relatifs à la sécurité économique du pays s'échangent entre consultants.

— Si c'est de cela que vous voulez parler, il suffisait de me téléphoner ! On en aurait parlé autour d'un café, comme au bon vieux temps, dis-je en me tournant vers le commissaire Bellay.

— Des réponses brèves et précises seraient appréciées, lâche Torquemada désormais glacial.

À cet instant, je sens que le commissaire n'a pas apprécié ma saillie. Je l'ai connu – et apprécié – avant tout cela, mais lui se rappelle-t-il nos échanges passés ou a-t-il mis son mouchoir dessus ?

Au passage, il prend soin d'éviter mon regard, faisant mine de fixer un point imaginaire au plafond. Je me demande s'il se souvient encore que nous nous connaissons, que nous avons eu une demi-douzaine de rendez-vous au cours des dernières années. Certes, ma « liaison » passe par un de ses subordonnés, mais je pense qu'il est au courant de ma « production », j'ai même le souvenir de remerciements pour une affaire africaine qui remonte à moins de six mois. Une éternité ?

Je n'aurais jamais dû évoquer aussi ouvertement mes contacts avec ses équipes. Des rencontres qui n'ont pourtant rien d'exceptionnel : nombre de mes homologues ont les mêmes, certains avec le même officier. Celui-ci est un point d'entrée : il enregistre les demandes et livre les retours, pose des questions et note les réponses sur de petites fiches en carton, sans que l'on sache s'il agit d'initiative ou sur ordre. Il doit prendre soin de ne pas déroger à la neutralité de l'État et à la forte culture de confidentialité de son service. Nos échanges font l'objet de comptes-rendus qui sont portés à la connaissance de la hiérarchie policière avant d'être archivés. C'est la règle.

Je « travaillais » avec son prédécesseur, j'en ferai de même avec son successeur. Cela fait partie du grand jeu. Avons-nous besoin l'un de l'autre ? Sans doute… Les relations sont aussi cordiales que superficielles. Tant que tout va bien, nous sommes les meilleurs amis du monde mais guère de doute qu'en cas de problème, le numéro de GSM sonnera dans le vide. Si un juge s'en mêle et pose des questions, il n'aura d'autre choix que de répondre qu'il a agi sur ordre s'il veut protéger sa carrière.

— Excusez-moi ! Oui, des documents de ce type circulent. J'en ai eu certains entre les mains. J'en ai d'ailleurs mis en garde l'auteur d'un de ces documents, un haut fonctionnaire que vous connaissez aussi bien que moi !

— Grave erreur ! Il fallait vous limiter à nous en parler, ajoute Torquemada.

— Sans doute. Mais je ne pensais pas déclencher ce genre de turbulences. Vous m'auriez « couvert » ?

Une question simple, certes teintée d'ironie, dont le seul effet est de tendre un peu plus l'atmosphère. Ai-je cru entendre – comme certains l'affirment – que je pouvais foncer et serai « couvert » en cas de problème ? Si cela m'a été dit, je ne l'ai pas compris. Mais j'en doute, j'en aurais un souvenir.

Contrairement à une légende bien établie, il n'y a pas de « feu orange » ou de « protecteur » dans ce métier. Penser le contraire est s'exposer à de rapides et désagréables désillusions. La DCRI et avant elle, la DST, ne travaille pas *avec* les cabinets d'intelligence économique mais *sur* eux. Autrement dit, ils sont des cibles comme les autres, même s'il peut – parfois – y avoir des convergences d'intérêt. Jules Kroll, un des pionniers de la profession, a pour habitude de dire qu'en France la DST est au nombre de ses pires concurrents. Une sentence que je pourrais partager !

— Certes pas. Vous savez bien que l'idée même n'a pas de sens. En revanche, le code pénal nous autorise à avoir des « témoins anonymes » dont nous ne sommes pas tenus de révéler l'identité au magistrat. Vous auriez pu faire passer le message sans être convoqué, lance Torquemada, plus glacial que jamais.

Torquemada et au-dessus de lui sa hiérarchie auraient-ils vraiment accepté de se mouiller face à un magistrat ? Là est tout le débat : être « couvert », d'une manière ou d'une autre impliquerait que les policiers puissent avoir barre sur le magistrat. Les policiers peuvent conserver l'information à leur niveau, et encore cela revient-il à violer l'article 40[1].

« En politique, les promesses n'engagent que ceux qui les reçoivent », se plaît à dire Charles Pasqua. En intelligence éco-

1. L'article 40 NCPP (Nouveau code de procédure pénale) prévoit : « Toute autorité constituée, tout officier public ou fonctionnaire qui, dans l'exercice de ses fonctions, acquiert la connaissance d'un crime ou d'un délit est tenu d'en donner avis sans délai au procureur de la République et de transmettre à ce magistrat tous les renseignements, procès-verbaux et actes qui y sont relatifs. » Autant dire qu'il est antinomique du travail de renseignement mené par les fonctionnaires de tous services en charge du suivi de l'intelligence économique tant les limites sont souvent ténues.

nomique aussi. Les autorités ont leurs priorités et elles rejoignent rarement celles des entreprises. Par ailleurs, lorsqu'il s'agit de traiter avec l'état-major de grands groupes sur des sujets sensibles, il n'y a pas besoin d'intermédiaire, aussi efficace soit-il. C'est une lapalissade mais en économie comme ailleurs, moins un secret est partagé mieux il est protégé. Pire, lorsque État et entreprises entretiennent des relations incestueuses, elles n'ont pas besoin d'une tierce partie.

Seules les sociétés d'intelligence économique étrangères semblent bénéficier d'une forme d'indulgence, un peu comme les chauffards immatriculés hors du territoire national. Les infractions constatées sont relevées mais personne ne verbalise. Au pire le prestataire, un lampiste, est sanctionné, mais les véritables commanditaires – dans leurs sièges sociaux de Londres, Bruxelles ou New York – ne sont pas mis en cause en dépit des coups que ces sociétés portent à nos industries. Elles peuvent donc sembler hors de portée de la loi, même si dans les faits il n'en est rien : la nécessité de recourir à une entraide judiciaire complique un peu les choses mais cela n'a rien d'insurmontable pour autant… En fait, dans ce cas précis, les « Services » accumulent de l'information mais se retiennent bien d'agir pour une raison obscure dont on pressent qu'elle tient plus du petit règlement de comptes entre ennemis que d'une quelconque forme de raison d'État.

Est-ce le fruit d'un *gentlemen's agreement* ? C'est peu probable. Sans doute le fait que ces derniers se tiennent à l'écart de nombreux sujets sensibles, à commencer par ceux qui peuvent toucher au politique, pour se cantonner à la fraude en entreprise par exemple. Et même si pour cela certaines libertés sont prises avec les limites de la loi…

Autant d'idées impossibles à exprimer dans ce contexte sauf à provoquer l'ire des fonctionnaires qui me font face et ne veulent rien entendre d'autre que des réponses à leurs questions.

— En résumé, vous me reprochez d'avoir dit que des documents « confidentiel défense », voire « secret défense », relatifs à des fleurons de notre économie traînent dans Paris, aisément accessibles à des concurrents étrangers ?

— Évidemment, non ! En revanche, vous comprendrez que l'on soit soucieux de savoir précisément quels sont les documents qui circulent. Et comment vous les avez obtenus.

— Je vais vous décevoir. Je n'ai pas grand-chose à ajouter à ce que j'ai déclaré à l'intéressé. Il m'a montré les notes ; j'ai confirmé que c'était bien celles-ci. Elles sont au nombre de quatre mais je n'en ai qu'une en ma possession. Les autres, je n'ai fait que les voir. Pas de copies, ni de notes. Les sujets abordés ne concernaient pas mon business.

J'ai soif et j'ai la gorge sèche. La chaleur dans la pièce sans aération dépasse les 25 degrés. Cela fait bien plus de quatre heures que je suis là et je commence à trouver le temps long. Très long.

— Il va falloir que nous la récupérions, pour faire cesser le délit de recel de violation du secret défense.

Je vois déjà la tête de mon épouse si les policiers décident de perquisitionner mon domicile dans les règles afin de s'assurer que je n'ai pas conservé une copie du document ou que j'en possède d'autres de la même veine. Entre elle et moi, le « marché » est simple : elle se consacre à la bonne marche de la maison et de la famille et me fait confiance pour ce qui est de mon activité dont elle ne veut pas connaître les détails. Mieux, elle aspire à ce que ces deux univers soient aussi séparés que faire se peut. Une fouille en règle du nid familial serait pour elle un *casus belli*.

Je ne peux m'empêcher de penser à quelques télégrammes diplomatiques remis par un diplomate avec qui j'ai des échanges de vues. J'ai pour habitude de ne jamais accepter de documents mais là leur teneur était particulièrement intéressante et ils ne portaient aucune mention de protection. J'ai beau creuser, je n'arrive pas à me rappeler si je les ai détruits ou pas ; s'ils sont au bureau ou à la maison. Classifiés, ils pourraient me valoir une discussion supplémentaire avec mes nouveaux amis.

— Pas de problème. Je n'ai pas l'intention de l'encadrer. Encore une fois, ce n'était pas la peine de m'enfermer dans une de vos caves pour en arriver là. Ni de venir perquisitionner chez moi.

Torquemada me rassure en affirmant qu'il n'est pas question d'aller tout retourner à mon domicile si je continue à coopérer, qu'ils tiendront compte de ma bonne volonté. Visiblement les deux autres officiers sont bien moins enclins à la négociation. S'ils n'osent s'opposer frontalement au « taulier », les regards qu'ils échangent valent tous les discours. Le plus hardi des deux dans sa tentative de rappel au code se heurte à une fin de non-recevoir qui me surprend autant qu'elle me fait plaisir.

— Et dernière question : qui vous a transmis le document ? demande l'officier en continuant de taper à deux doigts sur son clavier gris sale.

— Je ne souhaite pas répondre à cette question…

— Il va pourtant bien falloir, me coupe immédiatement Torquemada.

— Je n'ai pas l'intention de me défausser sur un de mes copains. Il n'y est pour rien dans tout cela. Certes, comme moi, il a profité de l'information mais il n'est pas à l'origine de la fuite.

— C'est à nous de juger, reprend Torquemada sur un ton qui ne laisse aucune place à la discussion.

— Je pensais que votre boulot était de mettre un terme aux fuites en identifiant les responsables et non de frapper des lampistes.

— C'est au magistrat de décider qui est responsable. Pas à nous et encore moins à vous, me lance celui qui n'a pas dit un mot depuis le début.

Conscient qu'ils ne sont pas prêts à la moindre concession dans ce domaine, je sors mon joker :

— Ma source est un journaliste spécialisé de mes amis. Je n'en dirai pas plus.

— Il va falloir.

— Vous ne pouvez m'y contraindre. Soyons sérieux ! En plus, vous ne pouvez rien contre lui. Il se réfugiera derrière le secret professionnel. Lui a le droit de protéger ses sources au nom de la liberté d'informer, moi non.

— Justement. Vous ne risquez rien à le citer alors qu'en le taisant, vous allez nous obliger à vous garder plus longtemps que prévu. Pensez à l'effet qu'aurait sur votre clientèle la moindre fuite sur le dossier qui nous intéresse, ironise Torquemada.

— Ok. C'est Francis Mitoux, dis-je en baissant la tête.

Je n'ai pas besoin d'en dire plus, l'intéressé est une « grande signature », un habitué des plateaux télé et notre relation est notoire, donc l'information crédible. Les trois policiers se regardent en silence. Ils savent être dans une impasse mais refusent encore de se l'avouer. Ni la hiérarchie policière ni le magistrat instructeur ne prendront le risque de s'attaquer à un titulaire de la carte de presse. Non seulement il pourrait invoquer le secret des sources, mais en plus le risque serait trop élevé de voir l'ensemble de la profession prendre fait et cause pour le « malheureux » plumitif victime d'une « cabale policière ». Tout cela au nom, bien évidemment, de la liberté d'information. Ils vont donc s'empresser d'enterrer la procédure après n'avoir entendu que des témoins et sans que quiconque soit mis en cause… au moins officiellement. Ils n'ont d'autre choix que de lever la garde à vue ou de m'incriminer ; mais m'incriminer pour quoi ? Le recel d'une infraction dont ils ne pourront pas chercher l'auteur ?

Le magistrat, lui, profitera de la torpeur estivale – dix-huit mois plus tard, la justice est lente – pour refermer doucement le dossier sans avoir fait de vagues. Personne n'avait envie de savoir d'où venaient les fuites, à l'exception sans doute du haut fonctionnaire qui avait déposé la plainte et dont l'intégrité morale, comme la rare capacité de travail, sont louées par tous.

Le journaliste sait-il que son nom a été cité lors d'une audition dans les caves de la DST ? Ai-je donné la bonne identité ou la première qui me soit passée par la tête ? Ma mémoire me fait parfois défaut… contrairement à la légende. Une chose est certaine, le but recherché a été atteint et sans incriminer personne. Moi aussi, je me dois de protéger mes sources ! Sous peine de ne plus pouvoir travailler.

L'affaire est pourtant d'importance : des documents pouvant mettre en cause des projets vitaux pour nos entreprises circulent librement. Ils sont accessibles à tous, des puissances étrangères comme des concurrents directs de ces firmes, mais l'enquête va s'arrêter là, par crainte de vaguelettes qui ne dépasseraient pas le cadre d'un microscopique microcosme parisien. Ces fuites constituent *in fine* un scandale dont la portée n'a jamais dépassé les limites du périphérique parisien, pour ne pas dire du quartier des ministères, mais dont les répercussions auraient pu être catastrophiques pour nos champions industriels. Rien à voir, par exemple, avec les télégrammes diplomatiques qui finissent dans le *Canard enchaîné*, venant contredire la parole gouvernementale mais ne remettant pas en cause notre sécurité économique ou des emplois.

Vous qui aviez encore quelques illusions, passez votre chemin. Nous ne sommes pas tous égaux devant la loi. Avocats et journalistes bénéficient de prérogatives intéressantes pour les cabinets d'intelligence économique au point d'en faire des interlocuteurs naturels, voire des sous-traitants – ou des clients – attrayants.

Un état de fait que quelques journalistes n'hésitent guère à transformer en fonds de commerce au mépris des règles déontologiques de la profession, soit en faisant le commerce d'informations obtenues dans le cadre de leur profession soit en se faisant la caisse de résonance de dossiers remis « clés en main » par des « consultants » bien « connectés ».

VIII

Règlements de compte en Méditerranée

Contrairement à ses habitudes, Ali a insisté pour me voir chez lui, de l'autre côté de la Méditerranée. Il a vaincu mes dernières réticences en mettant à ma disposition un billet d'avion en première classe et une suite dans le meilleur hôtel de la capitale.

À peine posé, l'avion s'est immobilisé au bout de la piste, loin de l'aérogare et d'éventuels regards indiscrets. Une passerelle installée à la hâte, avant même que les passagers ne commencent à râler, me permet de quitter discrètement l'appareil pour rejoindre la limousine allemande aux vitres teintées qui attend moteur tournant à trois pas de là.

La sortie de l'aéroport n'est même pas une formalité. Les douaniers et policiers saluent platement le chauffeur qui ne prend même pas la peine de ralentir aux différents contrôles. À ce rythme, je serai confortablement installé dans ma suite avant que les autres passagers ne commencent à quitter l'aéroport.

*

Ali a survécu à plusieurs révolutions de palais, et pris part à plus d'intrigues encore, mais je peine à comprendre pourquoi il a eu besoin de m'infliger une telle démonstration de force. Sa carrière dans l'appareil sécuritaire de son pays est un secret de polichinelle auquel il semble être le dernier à croire. Récompensé par quelques prébendes pour les nombreux services rendus, il a fini par se constituer un patrimoine confortable et une image d'intermédiaire prospère, chanceux disent ses nombreux adversaires. C'est d'ailleurs ainsi qu'il m'a été présenté, de bonne foi, par un ami commun près d'un an plus tôt. Depuis, Ali m'a confié quelques dossiers mineurs, sans grand intérêt. Correctement rémunérées, ces affaires m'aident à faire vivre la boutique sans être purement alimentaires pour autant. Le vieux renard jauge le jeune loup.

J'hésite à commander mon dîner lorsqu'une série de petits coups rapides sont frappés à la porte. Ali est là, dans un de ces costumes taillés sur mesure qu'il aime porter, son éternel cigare – un Churchill – allumé à la main. Il est tout sourire. Suivi, à quelques pas, par un individu dont je n'arrive pas à deviner s'il est un de ses lieutenants ou simplement un garde du corps.

— Cher ami, je voulais m'assurer que vous êtes bien installé, lance-t-il en entrant dans la chambre.

Il referme la porte derrière lui, laissant son homme de main surveiller le couloir, avant de s'affaler dans un des fauteuils en cuir du petit salon.

— Je ne demandais pas tant d'égards, lui dis-je en prenant place sur le canapé en face.

— Nous n'avons pas beaucoup de temps. Des amis sûrs nous attendent pour dîner dans un petit salon en bas. Mais ce que j'ai à vous dire ne les regarde pas et il faut que vous vous engagiez à ne jamais répéter ce que vous allez entendre.

— Vous avez ma parole.

— Avez-vous déjà entendu parler de Rashid Shatan ?

— Le « diable rouge » ? Il me semble avoir lu un article dans *Le Monde* il y a peu. C'est un opposant historique qui affirme avoir de quoi faire tomber le régime.

— Un escroc doublé d'un faussaire serait une description plus exacte. Pourriez-vous envisager de mettre en place une veille que nous rémunérerions ?

— C'est envisageable ; mais je doute que nous puissions faire mieux que vos équipes. Et je ne vois pas l'intérêt à part votre souhait éventuel de ne pas mêler de nationaux à cela.

— On ne parle pas de ce type de veille mais de quelque chose de plus… opérationnel, annonce Ali en prenant le temps de bien articuler ses mots.

Pour se faire, il a arrêté de mâchouiller son éternel cigare et me regarde droit dans les yeux. Il ne le verbalise pas mais il est clair que son projet dépasse largement le simple cadre d'une surveillance de nature à identifier les personnes rencontrées par le « diable rouge », ou même d'évaluer précisément un train de vie notoirement conséquent. Envisage-t-il d'intimider son compatriote ? De le faire passer à tabac par quelques séides, si ce n'est pas de régler définitivement le problème ?

Son silence assourdissant est éloquent : il veut avoir les mains libres pour accomplir la mission reçue de ses donneurs d'ordres et préfère en sous-traiter une partie, la « privatiser » pour reprendre une expression à la mode. Le spectre d'affaires célèbres – Ben Barka, Henri Curiel, Dulcie September ; ou moins connues, comme cette maîtresse d'un chef d'État africain empoisonnée en plein Paris au milieu des années 1980 – me hante sans que je ne sache que dire pour m'extraire proprement de ce guêpier.

— Ce travail ne rentre pas dans nos missions habituelles…

— Il n'est pas vraiment différent de la filature d'un individu soupçonné de fraude en entreprise, me lâche Ali en faisant mine de ne pas comprendre mes réserves.

— Ils n'ont pas tous des gardes du corps et un appartement en plein cœur de Paris, dans un quartier particulièrement surveillé.

Ali ne peut ignorer qu'une annexe de la présidence de l'Élysée est située à moins de cent mètres de là. Ce qui veut dire que les rondes de police sont incessantes, sans parler de la vidéo-surveillance.

— Nous avons les moyens de payer le surcoût que cela induira, me lance Ali en sortant de la poche de son costume plusieurs épaisses liasses de billets qu'il pose devant lui sur la table basse.

Son sourire entendu montre qu'il pense avoir eu raison de mes réticences en étalant quelques dizaines de milliers d'euros en liquide sur la petite table qui nous sépare. Il a juste réussi à me convaincre que son métier n'est pas le mien et que ses ambitions dépassent sans doute ce qu'il affiche. Je suis partagé entre l'envie de mettre un terme brutal à la conversation et la recherche d'une échappatoire polie.

— Je ne ferai rien sans une évaluation préalable. Il me faut quelques jours pour savoir ce qui peut être fait sans attirer l'attention. Il en va de notre sécurité à tous.

— Je savais que nous étions entre professionnels et que je pouvais avoir confiance en vous pour ces missions spéciales, me dit-il en se resservant un verre.

Ali est radieux, persuadé d'avoir gagné. Tout à sa « victoire », il semble ne plus penser aux gens qui nous attendent pour dîner.

— Laissez-moi une semaine pour me faire une opinion sur la faisabilité de ce que vous me demandez.

— Nous ne sommes pas pressés mais je n'ai pas le droit d'échouer, rétorque Ali, sans préciser s'il est condamné à « traiter » sa cible ou si, au contraire, sa marge de manœuvre lui permet de faire comprendre à ses donneurs d'ordres que le risque est trop élevé.

Un quart d'heure plus tard nous dînons avec les « amis sûrs ». Un dîner mondain, un tantinet surréaliste car à des années-lumière des conversations tenues en tête à tête. Ali est un commensal qui sait recevoir. La qualité des mets est exceptionnelle.

En embarquant dans le vol du retour, soulagé, je ne peux m'empêcher de penser que je viens de vivre un mauvais remake de James Bond. Évidemment je ne donnerai pas suite à une telle demande et je ne peux qu'être satisfait de m'en être sorti à si bon compte. Mieux, en arrivant à Paris, je passerai l'info à un de mes interlocuteurs au sein des « services »… Ils sauront quel usage en faire et, le cas échéant, protéger Rashid Shatan ou, au contraire, l'inciter à prendre des vacances aussi lointaines que longues.

Ils peuvent aussi décider de faire savoir à Ali (ou à son patron) que Shatan est *off-limits*, qu'il serait tenu pour responsable du moindre désagrément lui arrivant tant qu'il est l'hôte de la France. Chacun doit rester à sa place, et mon rôle – involontaire – est achevé. La suite n'est plus de mon ressort ni mon problème.

Certes, Ali n'est plus fonctionnaire mais il évolue toujours dans un système où la violence est une forme de ciment et je ne peux écarter qu'un échec lui coûte sa situation, voire la vie si son maître est réellement déterminé. Cela ne rend pas sa démarche plus acceptable – même si cela peut l'expliquer.

Il n'est pas le seul dans ce cas, nombre d'émissaires plus ou moins officiels, et de tortionnaires en voie de reconversion, tous issus de pays du tiers-monde, tendent à confondre l'offre en matière d'intelligence économique avec de discrètes officines prêtes à tout contre monnaies sonnantes et trébuchantes. Il est vrai que dans leur pays d'origine, il en va de la sorte.

Et avec l'absence de définition claire de ce qu'est l'intelligence économique en France, on ouvre la porte à toutes les interprétations, y compris les plus douteuses. Ce qui, malheureusement, ne favorise pas la distinction entre les cabinets sérieux et les officines prêtes à tout pour arrondir leurs fins de mois, ou tout simplement survivre.

D'autant qu'Ali et ses pairs, du fait de leurs fonctions présentes ou passées, sont au cœur des deals les plus importants et à ce titre perçus comme des consultants particulièrement prisés des dirigeants de certains de nos plus beaux fleurons industriels. C'est le cas de cet Iranien œuvrant tant pour le programme nucléaire que pour l'industrie manufacturière française, de cet ancien général du GRU soviétique, expulsé d'Europe de l'Ouest pour une sombre affaire de faux passeport et reconverti dans l'aide à la pénétration du marché russe de groupes du CAC 40. Tous fonctionnent autant en facturant des honoraires qu'en échange de services non marchands… entre gens du même monde (de l'ombre).

De l'autre côté, il y a quelques années, un cabinet parisien assurait sa trésorerie en surveillant les opposants d'un petit pays d'Afrique de l'Ouest, se refusant à voir que les familles de ces opposants en subissaient les contrecoups. Un autre cabinet, au milieu des années 1990, enquêtait sur la vie privée de cadres dirigeants d'une multinationale française en vue de la négociation d'un accord commercial. On pourrait aussi parler de cette société réputée dont la trésorerie généreuse était le fruit de prestations effectuées non pas au profit de clients privés mais de la garde rapprochée du leader libyen, le colonel Mouammar Kadhafi.

Les plus mal intentionnés vont même jusqu'à murmurer que tel ou tel pourrait être à la solde des Britanniques, voire des Américains. Mais ce n'est sans doute que de la médisance. Aucun de ces cabinets regroupés au sein d'une fédération professionnelle qui se veut exemplaire – on n'y revient pas – ne peut envisager de jouer contre l'intérêt national, même si aujourd'hui plus personne n'oserait qualifier cela d'intelligence avec l'ennemi.

OPA[1] : danger !

Les OPA sont un peu l'arbre de Noël des cabinets d'intelligence économique. À chaque nouvelle rumeur, tous les acteurs de la place se mobilisent pour avoir leur part de gâteau. Certains prédateurs connus de la profession ne reculent devant rien : les honoraires en jeu sont considérables, l'essentiel du chiffre d'affaires de l'année peut être fait en quelques semaines. Les différentes parties (attaquant, attaqué, banque, avocat, etc.) s'assurent les services d'un cabinet – parfois le même. Certains se sont fait une spécialité de servir les deux camps.

Les « trahisons » sont fréquentes lors des OPA, parfois négociées par le biais d'avocats. Ainsi un cadre dirigeant fit savoir qu'il était prêt à fournir le plan de défense d'Aventis contre quelques millions d'euros. Démasqué, il fut licencié par le vainqueur. Jean-François Dehecq n'est pas homme à accepter cela, comme il l'avait fait savoir à sa garde rapprochée. Mais pour un échec, combien de fortunes constituées en très peu de temps ?

Lors des derniers jours de l'OPA d'Arcelor sur Mittal, l'entourage du magnat indien était informé en temps réel des

1. Offre publique d'achat.

réunions stratégiques qui se tenaient chez Arcelor. Au point que le management soupçonna la présence de micros, avant de se rendre compte que certains avaient négocié leur ralliement au futur vainqueur et profitaient de la moindre opportunité pour faire fuiter l'information. Entre-temps, Arcelor avait financé l'acquisition d'un équipement complet de recherche d'écoutes, que son prestataire s'était procuré en toute illégalité, d'une valeur de près de 100 000 euros.

Lors de l'OPA de Total sur Elf, c'est la DST qui intervint auprès d'un cabinet d'intelligence économique qui avait acquis en Allemagne un kit complet d'interception GSM. Acquisition faite, apparemment, sans l'accord du client final qui s'était contenté de signaler ses attentes et de débloquer un budget de plusieurs millions de francs. Plus récemment, lors des rumeurs d'OPA sur Danone, c'est un des banquiers conseil qui se dota à grands frais de téléphones cryptés pour sécuriser ses communications. En fait, il s'agissait de bricolage aussi douteux qu'inutilisable. Ce n'était pas bien grave au regard des honoraires perçus.

Dans l'affaire Gucci, qui opposa LVMH au groupe Pinault, des limites rarement atteintes furent franchies avec l'intimidation physique de cadres dans les parkings. Des rumeurs de passage à tabac circulèrent mais il n'y eut pas de plainte de déposée.

IX

Tricoche et Milipol

Les allées de Milipol[1], le salon où toute la profession se retrouve un an sur deux pour faire le plein de gadgets et autres produits inavouables, sont bondées et surchauffées. Il y a beaucoup d'habitués, certains à éviter par tous les moyens tant ils sentent le soufre. Autant de mythomanes et enfin tout ce que la planète compte de services de sécurité et de renseignement. Certains ont préféré « changer de trottoir » plutôt que de me serrer la main. Pas bien grave…

Milipol est *the place to be*, et surtout *be seen*, si l'on attend une quelconque reconnaissance de la profession. Sans doute parce que l'entrée ne se fait que sur invitation. Pas de démonstration pour le grand public, pas de caméra de télévision. On est entre gens sérieux… et discrets. Officiellement…

La journée a été longue : plusieurs prises de contacts et découvertes d'applications pouvant intéresser nos clients. Je déambule depuis le matin et me prépare à quitter le salon lorsqu'un jeune homme en civil s'approche et engage la conversation. En quelques instants, je comprends qu'il est policier et que l'on a un ami commun. Ami est d'ailleurs un bien grand mot, une relation tout au plus. Après de longues circonvo-

1. Milipol se tient au parc des expositions de Villepinte. Il a lieu à l'automne, les années impaires.

lutions verbales, il entre enfin dans le vif du sujet au moment où je tente de lui échapper en prétextant un rendez-vous urgent.

— Vous utilisez des gens comme moi ?

— Très peu, nous sommes essentiellement tournés vers l'international, dis-je en pensant qu'il cherche à se faire embaucher comme nombre de ses collègues en quête d'employeur plus généreux que l'administration.

— Oui… enfin non… Je veux dire ponctuellement ?

— Ponctuellement ??? Vous pourriez être un poil plus précis ? Le ton est volontairement cassant, il témoigne de mon agacement à l'égard de ces atermoiements alors qu'il m'a abordé en plein milieu d'un salon. J'ai l'impression que toute la profession me regarde et j'ai horreur de cela.

— Pour des extras… Par exemple.

— Je ne fais pas de protection rapprochée ou d'événementiel. Désolé.

Je sais que nombre de cabinets de sécurité ont recours à des policiers en civil pour ce type de prestation, parfois même avec leur arme de service. Un réseau a été démantelé au printemps dernier, il permettait à des policiers d'arrondir leurs fins de mois en travaillant au noir lors des déplacements en France d'une famille régnante du golfe Persique. Autant d'activités évidemment totalement interdites. Ironie suprême, l'entreprise en question avait son siège à un jet de pierre du ministère de l'Intérieur, place Beauvau.

— Je ne pensais pas à cela. Vous faites bien de l'IE ?

— Oui, bien sûr. C'est même une de nos raisons d'être depuis plus de dix ans. Nous intervenons sur des dossiers internationaux au profit des plus grands groupes français.

— Eh bien, j'ai accès à certains fichiers. Vous voyez ce que je veux dire… Et je pense que cela pourrait vous être utile, vous faire gagner du temps et de l'argent.

En disant cela, il sort de son petit cartable une feuille A4 qu'il me tend. C'est le « catalogue » de ses services avec les prix et délais de livraison complétés d'une adresse électronique pour passer commande. Il propose tout ce que peuvent contenir les fichiers de police : du STIC[1] au permis de conduire en passant par les cartes grises, les facturations détaillées de téléphone, comptes bancaires, etc. Autant de fichiers dont l'accès est, au moins en théorie et dans le discours, sévèrement réglementé.

Il n'est pas le premier à me faire une telle offre de services, mais la liste n'a jamais été aussi complète. C'est visiblement un habitué qui sait ce que peuvent chercher les détectives et autres professionnels de l'enquête privée. Une fois de plus je ne peux m'empêcher d'être surpris par la modicité des sommes : de trente à cent euros pour des informations normalement réservées aux services de police. Cette pratique est sévèrement réprimée par la loi et l'institution a montré sa détermination à y mettre un terme en sanctionnant durement tous les cas identifiés. Il semble se moquer du risque qu'il encourt alors que cela peut aller jusqu'à la révocation et la prison.

— Je ne mange pas de ce pain-là.

— Vos collègues non plus, mais pourtant certains me passent régulièrement commande. Ils n'ont jamais eu à se plaindre.

— Nous travaillons exclusivement à l'international : ce type d'informations ne m'est d'aucun intérêt.

1. STIC : Système de traitement des infractions constatées.

— Gardez la liste. Elle pourra p't'être vous servir un jour. Je sais aussi faire JUDEX[1], les impôts et les ASSEDIC.

Cela veut dire qu'il appartient à un réseau plus large de fonctionnaires qui s'échangent des informations et services relatifs à la vie privée des individus. Il représente la partie émergée de l'iceberg d'une activité aussi illégale que florissante : sans possibilité d'accès à ces informations privilégiées, ceux qui font de l'investigation sont aveugles et condamnés à disparaître. Or, si l'État entend contrôler la profession en fixant un cadre d'intervention, il n'est pas prêt au moins officiellement à lui donner un statut digne de ce nom, à en faire, comme dans d'autres pays d'Europe, un auxiliaire qui a accès à certaines informations pour le bien collectif dans le cadre d'un agrément clairement défini. Tout cela fonctionne donc dans une sorte d'hypocrisie généralisée.

— Vous savez que vous risquez la révocation et la prison en faisant cela ? Votre ministère n'est pas tendre avec ceux qui prennent des libertés avec l'éthique par les temps qui courent.

— Rien à foutre. Et ce n'est pas la hiérarchie qui montre l'exemple. Depuis des années mon chef de groupe vend des informations. Tout le monde le sait et personne ne l'a sanctionné.

Il me raconte sans que je sache si c'est vrai, le cas d'un policier de la préfecture de police de Paris qui venait travailler en Ferrari sans que personne ne se pose de questions. Puis celui d'un commissaire muté des « stups' » parce que ses hommes ne voulaient plus l'accompagner après qu'il se fut « servi » au cours d'une perquisition… Quelques dizaines de milliers d'euros jamais réclamés par le dealer.

1. Fichier de la gendarmerie.

— C'est une raison ?

— Non, mais j'ai besoin de faire vivre ma famille, moi aussi. Croyez bien que je ne fais pas cela de gaieté de cœur. J'ai mon éthique, je ne fais pas n'importe quoi. Ni tous les jours. Ni pour des criminels.

— Vous avez déjà une clientèle ?

Je m'étonne de poser la question alors que je n'ai qu'une envie c'est de l'abandonner là, de quitter le salon et son atmosphère devenue oppressante.

— Des patrons de PME qui n'ont pas le droit de se tromper lorsqu'ils recrutent et ne peuvent se payer les services d'un cabinet d'IE. Vous savez aussi bien que moi que la loi évoluera et que je n'ai fait que prendre un peu d'avance sur le législateur. Je ne suis pas en train de trahir mon administration ou de mettre des collègues en danger. D'autres vendent le programme des perquisitions, voire pire.

En l'écoutant, je pense à ce petit patron d'une société de transports de mes amis. Il tente de faire fructifier une entreprise d'une cinquantaine de chauffeurs face aux mastodontes d'une profession en pleine consolidation. Sa principale crainte est qu'un de ses chauffeurs, victime du permis à points, perde son précieux parchemin rose et « oublie » de l'en informer. Il n'a aucun moyen de s'assurer que les chauffeurs qu'il recrute ont bien passé le permis ou même qu'ils l'ont encore mais sera tenu pour responsable si l'un des chauffeurs a un accident alors qu'il est privé de permis.

Or, il soupçonne certains de ne plus avoir de points mais de ne rien dire pour préserver leur emploi. S'il se refuse à jeter la pierre à des pères de famille dont la plupart tirent le diable par la queue, il sait aussi que son assurance ne fera pas preuve de la moindre souplesse en cas d'accident. Résultat, il dort mal. Ce qui ne serait qu'un incident chez ces grands concurrents serait une véritable catastrophe industrielle chez lui avec le dépôt de bilan comme conclusion tant sa trésorerie est tendue et son carnet de commande peu fourni.

— Vous risquez la révocation et au moins trois ans ferme, si j'en crois la loi. Et moi je ne suis pas prêt à prendre un tel risque, à jouer sur un coup de dés ce que j'ai mis dix ans à bâtir. Désolé.

Plusieurs de mes collègues m'avaient confié avoir noué des relations directes avec des policiers afin d'éviter le milieu des APR jugés aussi chers que peu fiables. Des liaisons à haut risque auxquelles je me refuse. Refus d'autant plus simple, en ce qui me concerne, que les demandes concernant le territoire national sont rares et très largement repoussées d'un revers de main. Ce n'est pas sur ce terrain que mes équipes et moi pouvons donner le meilleur de nous-mêmes.

Dans ce créneau, quelques acteurs, trois ou quatre, tous tenus par d'anciens policiers, monopolisent le haut du pavé. Certains se sont contentés de reproduire le modèle créé par la cellule élyséenne de triste mémoire. Est-ce d'ailleurs un hasard si l'un d'eux, souhaitant prendre sa retraite, a réussi le tour de force de faire racheter sa « boutique » par un groupement d'intérêt économique (GIE) public qui s'empressa d'en faire oublier même le nom. Un autre installé dans le cœur de Paris et régulièrement présent dans les médias a pour principal client un intermédiaire arabe bien connu qui lui assure ses fins de mois et certaines entrées auprès de personnalités politiques. De menus services – et petits secrets – sont échangés histoire d'entretenir les liens d'amitiés. L'époque où cela aurait suffi à constituer une protection est définitivement révolue, comme le montrent les procédures en cours. Depuis la tuerie d'Auriol qui mit un terme au fonctionnement du SAC – le Service d'action civique gaulliste, véritable police parallèle du parti – les cabinets noirs, s'ils ont encore une certaine réputation, ne sont plus indestructibles !

Depuis près de cinq ans, les locataires successifs de Beauvau ont multiplié les instructions répressives avec d'autant plus d'énergie qu'ils sont persuadés d'avoir été les victimes de tentatives de déstabilisation. Je suis prêt à parier que Michèle Alliot-Marie, l'actuelle ministre de la Justice, a toujours en tête l'enquête sur son compagnon menée par une « officine » à la demande d'un groupe industriel. Comme pour les agissements relatifs à Cécilia Sarkozy, le problème n'est pas tant la réalité de ces investigations que l'impact sur les décideurs.

C'est une évolution sociale et médiatique bien plus que légale d'ailleurs. La loi dite Lopsi 2, longtemps présentée comme l'élément ultime de « cadrage » – lire « de répression » – en matière d'intelligence économique, a été largement vidée de sa substance au fil des interventions et pressions successives[1]. En soi, cela n'est pas très grave puisque les outils existent déjà et sont de plus en plus souvent utilisés. Et il y a fort à parier que les débats parlementaires attendus à l'automne 2009 sur le projet de loi Lopsi 2 ne porteront pas sur cet aspect de la loi, mais sur ceux pouvant susciter un peu d'échos médiatiques parce que présentables comme injustement répressifs voire liberticides.

Un des non-sens sur lequel personne ne semble vouloir trancher concerne le rôle dévolu à la DCRI par le projet de

1. Un volet de la Lopsi 1 était consacré à l'intelligence économique. Il a été voté comme le reste de la loi, mais les décrets d'application sont toujours attendus bientôt cinq ans après… Le texte n'est donc pas opposable aux justiciables.

loi. En effet, cette administration sera désormais juge et partie : guichet unique pour les entreprises, certificateur des prestataires en intelligence économique, « confesseur » le cas échéant, mais aussi – surtout ? – habilitée à retirer un agrément, voire à déclencher une procédure judiciaire contre un intervenant qui aurait dépassé les limites. Théoriquement la charge est énorme. Dans les faits, c'est une vue de l'esprit impossible à transcrire dans le monde réel. Comment peut-on imaginer qu'un acteur unique sera présent sur le terrain en tant que joueur, sélectionneur, arbitre et remplaçant ; que les parties prenantes iront se confier aux officiers de la DCRI en prenant le risque de se voir reprocher les confidences de la veille et de voir le confesseur se transformer en bourreau ? Cela, évidemment au gré des alternances politiques, voire de la sensibilité des préfets traditionnellement placés à la tête de cette direction centrale.

La mission d'un service de renseignement, à la différence de celle d'un service de police, est avant tout d'être une mémoire et éventuellement un appareil répressif. Confier un autre rôle à la DCRI revient à réduire ses interlocuteurs naturels – cadres et consultants – à de vulgaires indics[1]. Autant dire que le risque est de les voir se refermer, de tarir le flux d'informations qu'il possèdent ainsi que des « signaux faibles » qui permettent quelque peu d'anticiper les catastrophes, ou plus modestement d'aider au processus de décision gouvernementale.

Au-delà du débat parlementaire – qui ne devrait pas être bien houleux – sur les moyens de contrôle et de sanction à

1. Ce qui pourrait peut-être favoriser la définition d'un statut de l'informateur, qui existe dans le droit anglo-saxon contrairement à la France. Mais c'est un autre débat.

mettre en œuvre, il conviendrait que le législateur se penche aussi sur les moyens légaux à donner aux acteurs de l'intelligence économique ; car s'il est souhaitable qu'un encadrement soit mis en place, il est tout aussi souhaitable que cette activité ait les moyens d'exister. Ne nous y trompons pas, tout un pan de l'activité se réduit *in fine* à une privatisation de fonctions que l'État ne veut plus assurer. Mais le refus d'aller au bout de la logique impose un flou juridique et administratif aussi dangereux que détestable. Ainsi, certains groupes industriels – et cabinets d'intelligence économique (pourquoi le cacher) – bénéficient de systèmes d'échanges d'informations avec l'administration. Ils n'ont pas besoin d'APR ou de payer quelque policier, mais obtiennent des réponses fiables dans un délai relativement court et sans autre contrepartie qu'un retour d'informations. Une activité très périphérique pour la DCRI dont la mission première demeure la lutte contre le terrorisme et la prolifération nucléaire, mais dont certains ont fait un véritable fonds de commerce dans les groupes industriels comme dans les cabinets. Ils se positionnent en interlocuteurs obligés et se rendent indispensables.

Des systèmes qui maintiennent indûment le secteur privé sous une forme de dépendance publique d'autant plus marquée que la certification ou l'agrément serait à peu de chose près le fait du prince et donc révocable à n'importe quel moment. Sans compter que laisser se développer une activité sans lui donner les moyens légaux d'exercer est un non-sens.

X

Chinoiseries informatiques

Je suis à table. Pas au restaurant mais dans une de ces salles à manger privées dont se dotent nos groupes industriels depuis quelques années, sans que l'on sache vraiment si c'est par souci d'économie, de confort ou de discrétion. Sans doute un peu tout cela, complété d'un zeste de phénomène de mode.

Le lieu est cosy, presque luxueux. Un écrin dénué de toute ostentation mais agrémenté d'une vue à couper le souffle sur les toits de la capitale et la tour Eiffel. L'atmosphère est feutrée, le service discret, effectué dans des box insonorisés. Un endroit parfait pour des négociations discrètes, pour des accords destinés à ne jamais être révélés.

Mon hôte est un contact privilégié – une relation de confiance – et non un client. Depuis des années nous avons pris l'habitude de déjeuner ensemble toutes les trois à quatre semaines pour des échanges de vues et de menus services. Des échanges démonétisés mais loin d'être sans intérêt pour l'un comme pour l'autre. Ce midi, « son » directeur général nous a rejoints au moment du café et, après quelques politesses d'usage, participe activement à la conversation. Non seulement le propos est passionnant mais il m'éclaire énormément sur le contexte qui prévaut dans un dossier traité pour un client et dans lequel j'étais bloqué faute d'avoir accès aux bonnes sources.

Pour reprendre une expression consacrée, je « bois du petit lait » et les laisse aller au bout du raisonnement avant de demander si je peux en faire usage (sans les citer) ou s'ils estiment que c'est confidentiel. Une précaution qui est loin d'être inutile dans un tel microcosme : non seulement tout le monde se connaît mais en plus les haines et les coups bas sont aussi nombreux qu'anciens. Durer impose de prendre des précautions même si elles ne sont parfois que verbales.

Depuis près de dix minutes, téléphone et BlackBerry, chacun dans une poche de mon pantalon, vibrent sans discontinuer. Quelqu'un cherche à me joindre avec insistance. Je pressens l'urgence sans vouloir m'extraire de la conversation par crainte de rompre le charme, de briser le fil ténu des confidences. Si c'est un client, il risque de rejoindre le club de ceux qui se plaignent de ne pouvoir me joindre quand bon leur semble… Sans prendre conscience que cela impliquerait de saucissonner *ad nauseam* tous les entretiens. Si c'est un prospect, ce qui est peu probable eu égard à l'insistance, il risque de se lasser et d'aller voir un de mes concurrents. Dans tous les cas, j'aurai sans doute à me faire pardonner mais ce n'est rien au regard de ce que m'apporte la conversation.

L'entrée du maître d'hôtel, appelé par la discrète sonnette posée sur la table à la fin de l'exposé, me permet de m'esquiver quelques instants en prétextant une envie pressante. À peine sorti dans le couloir, je me plonge dans la lecture des SMS, évitant de peu un serveur poussant une desserte dressée pour le café.

Le message vient d'un client et est dénué de toute ambiguïté : « SOS crise informatique. Merci de me rappeler de toute urgence. » Dans les mails arrivés sur le BlackBerry, il est à peine plus prolixe : « Sommes attaqués… rappelez-moi ou Viviane dès que vous avez ce message. »

Je connais bien l'émetteur. Il est aussi compétent en sûreté informatique que moi en danse classique. En revanche, Viviane, sa spécialiste – sa RSSI[1] dans le jargon – est une experte qui ne s'en laisse pas compter. Pour qu'elle tire la sonnette d'alarme, c'est que la situation doit être grave. Elle n'est pas du genre à « botter en touche », encore moins à évoquer les problèmes et autres failles de sécurité logique qu'elle peut rencontrer au quotidien avec des « étrangers ». Certes, elle nous fait confiance, depuis une campagne d'audit réussie, mais pour elle nous sommes tout au plus un mal nécessaire…

En retournant vers mes commensaux, je m'empresse de renvoyer deux SMS, l'un annonçant l'appel immédiat d'un chef de projet du cabinet (un informaticien chevronné connu de Viviane), et l'autre à Daniel, l'informaticien maison, pour qu'il prenne contact toutes affaires cessantes et me rende compte. Le maximum que je puisse faire dans ces conditions. Pas question d'appeler depuis les couloirs d'un autre siège social, non seulement ma parole ne serait pas libre mais cela ne serait apprécié par aucun des deux groupes. Les clients aiment bien avoir l'impression qu'ils sont seuls au monde, tout en voulant bénéficier de l'expertise auprès des autres.

*

— Salut Daniel, tu me racontes ?

1. Responsable de la sécurité des systèmes d'information, responsable de la sécurité informatique.

J'ai à peine pris le temps d'être seul dans ma voiture avant d'appeler mon consultant pour avoir une première synthèse. Pas question de faire répéter le client !

— Je ne te cache pas que c'est le cirque… Rien n'est clair. Ils ne savent pas vraiment à quoi ils sont confrontés. Juste que c'est grave. Tout leur réseau est planté. Quelques milliers de machines contaminées par un virus, etc. Problème à Paris et à Nice. Tom file sur Nice, il doit être en train d'arriver à Orly pour prendre la navette. Moi je termine le rapport que je dois livrer demain en lançant une première batterie de tests sur le site parisien.

Daniel, comme nombre de bons informaticiens, a tendance à en dire le moins possible tant qu'il n'a pas de certitudes ; sans doute la peur de commettre une bévue. On travaille ensemble depuis près de dix ans. Il m'a fallu du temps mais j'ai fini par comprendre le mode d'emploi du personnage. Il est particulièrement taciturne et mesuré dans ses propos.

Daniel est un geek, rien de ce qui est électronique ne lui est vraiment étranger. Les réseaux électroniques, privés comme publics, constituent son terrain de jeu favori. Il n'aime rien tant qu'en déjouer les pièges, exception faite – peut-être – de les créer.

Fidèle et dévoué, il fait partie de cette petite équipe de « grognards » qui me font une confiance presque aveugle. Une sorte de garde rapprochée avec qui je sais pouvoir faire les quatre cents coups sans prendre le risque de voir une information *fuiter*. En échange, ils savent qu'ils peuvent compter sur moi et que j'assume mes responsabilités et couvre leurs actions en cas de besoin.

— Tu penses à quoi ?

— Difficile à dire en l'état. Ça peut aller de la simple connerie à l'intention de nuire en passant par l'espionnage pur et simple. Une seule chose est certaine : leur réseau est planté et ce n'est pas une simple panne technique ; le problème est plus grave.

— Ok. Je vais rappeler le client.

— Prends ton temps. Laisse-nous bosser un peu avant de mettre la pression.

— Combien de temps ?

— Vingt-quatre à quarante-huit heures pour une première vision. Sans doute plus pour être certain et tirer les fils que l'on aura découverts. Je te tiens au courant, me lance-t-il avant de raccrocher, à moins que ce ne soit un de ses innombrables gadgets qui ait interrompu la conversation ou tout simplement vidé la batterie du portable transformé en version électronique du couteau suisse.

Depuis quelques années, les écoutes sauvages – fréquentes durant les années 1980 et 1990 – ont pratiquement disparu de la vie des entreprises. Cet état de fait est lié aux sauts technologiques accomplis – développement du numérique puis de l'ADSL, du GSM, etc. – qui ont rendu inopérants les bonnes vieilles pinces crocodiles et leurs utilisateurs ainsi qu'à l'essor des messageries électroniques. Dans ce dernier cas, de nombreux vides légaux réduisent la prise de risque à la portion congrue pour ne pas dire à zéro, alors qu'en matière d'écoutes, police et justice ont sifflé la fin de la partie depuis longtemps.

Les « plombiers » ont muté pour devenir des « dépoussiéreurs » (chercheurs d'écoutes dans le jargon), faisant naître une situation paradoxale dont tout le monde se moque : on cherche désespérément des écoutes qui ne sont plus posées par personne du fait d'un rapport risque/production défavorable.

Forcément la pêche est maigre mais tout le monde semble s'en satisfaire ! Sans doute au nom, comme souvent, du sacro-saint principe de précaution. Tant pis si la vérité est ailleurs, après tout, cela donne bonne conscience à peu de frais.

Et ceux qui gagnaient très bien leur vie en « posant » ont désormais une rente de situation dans le domaine de la recherche d'écoutes. D'autant que l'activité est soumise à autorisation préalable, au titre de l'article R.226, et que les autorités sont de plus en plus réticentes à délivrer un tel blanc-seing.

En revanche, les messageries électroniques, à l'ère de la feuille Excel et surtout de la présentation PowerPoint, sont une mine d'or pour qui sait se positionner habilement. Être posté au bon carrefour de ces autoroutes de l'information, totalement invisible, peut permettre de plonger dans le cœur de l'entreprise, de la lire à livre ouvert tant dans sa stratégie que dans ses comptes, voire sa R&D.

Les techniques pour en arriver là varient grandement. Certains vont se faire passer pour une femme de ménage afin d'accéder physiquement au réseau. Techniquement, ils sont le plus souvent les moins efficaces et les plus aisément discernables. Surtout s'ils se limitent à poser une borne WIFI ou à voler les droits d'accès d'un personnel[1]. Les plus malins, ou les plus doués, eux, se limitent à des pénétrations logiques,

1. Est-ce un hasard si un seul groupe français totalise à lui seul la moitié des vols à l'arraché de l'aéroport de Séoul et ceci pour des vols d'ordinateurs de collaborateurs ? Un esprit chagrin comme le mien pourrait penser que les Coréens particulièrement intéressés par le savoir-faire de ce groupe se sont servis directement. En plus, ces vols à quelques instants du départ permettent généralement d'utiliser la machine durant quelques heures avant que les identifiants soient changés et l'accès au réseau verrouillé. Un autre cas est celui de ce groupe d'électronique qui fut confronté à la saisie par les douanes israéliennes d'ordinateurs de collaborateurs sous prétexte qu'ils n'avaient pas les factures sur eux ! Saisies qui s'arrêtèrent avec les négociations.

en évitant toute effraction. Ce qui rend les poursuites judiciaires quasi impossibles, tant il est difficile de matérialiser l'infraction et d'identifier son auteur. Les clients le savent mais n'apprécient pas pour autant le fait d'avoir un rapport qui ne permet pas une conclusion définitive.

Cette fois, je suis en train de penser qu'il va falloir être pédagogue lorsque je vois le nom du client s'afficher sur l'écran du GSM. Impossible de ne pas lui répondre sauf à le fâcher.

— Enfin j'arrive à vous joindre ! s'exclame-t-il.

— Désolé. J'étais en réunion. Vous avez eu les meilleurs de mes gars et ils ont pris les choses en main.

— C'est vous que les grands chefs connaissent, pas eux !

— Oui, mais en l'occurrence on n'a pas grand-chose à dire, il nous faut un peu de temps pour tenter d'analyser les traces.

— Vous allez réussir, pas uniquement essayer !

— Je ne peux rien promettre sauf que nous ferons de notre mieux… comme à chaque fois ! Il nous faut au moins la nuit pour y voir plus clair.

En prononçant ces mots, je sais que les informaticiens vont me détester à la seconde où ils sauront l'engagement que je viens de prendre, qu'ils ne peuvent avoir de certitudes dans un délai aussi court. Leur travail est plus proche de celui du bénédictin que de James Bond et ils vont devoir décortiquer des milliers de lignes de codes et de logs avant de se faire une opinion définitive.

— Une éternité ! Vous ne pouvez pas venir ce soir ? Une réunion est prévue à 20 heures dans le bureau du chef.

— Impossible, je suis pris à dîner.

Pieux mensonge destiné à ne pas trop agacer mon interlocuteur. Avec qui je clos doucement la conversation. Il attend des réponses que je ne peux lui fournir à ce stade : on ne sait même pas s'il y a vraiment lieu de s'inquiéter !

J'ai encore à l'esprit ce sous-traitant automobile installé en région parisienne qui hurlait à l'agression, agitant ciel et terre, avant de devoir reconnaître qu'il ne s'agissait non pas d'une stratégie fomentée par un concurrent particulièrement pernicieux, mais d'un collaborateur qui avait tenté de transmettre l'intégralité d'un CD-Rom d'images de charme à un de ses collègues situé à l'étage inférieur. Pas de quoi fouetter un chat mais largement assez pour mettre à mal un routeur et son serveur.

*

Je roule sur le périphérique parisien, une pluie fine tombe sur Paris. Je suis occupé à écouter la radio lorsque mon portable recommence à vibrer. En le sortant de la poche, je découvre le nom de Daniel. Cela fait trois jours que les informaticiens du cabinet sont mobilisés à ses côtés et les premières pistes se sont révélées être autant d'impasses. Depuis la veille, la propagation rapide d'un virus inconnu dans les réseaux du client ralentit encore les investigations. Plusieurs milliers de machines sont atteintes.

— Salut patron, bien dormi ? grogne Daniel d'une voix presque incompréhensible.

— Salut. Je ne te retourne pas la question ?

— J'ai réussi à me coucher vers 4 heures, pendant que l'automate développé ces derniers mois moulinait sans mon aide.

— T'as quelque chose ?

— Ben ouais ! Tu nous prends pour qui ?

— Pour des as !

— Bonne réponse. Bon, il y a deux situations distinctes au moins en apparence. À Paris, le réseau est atteint par un virus, quelques milliers de machines sont contaminées.

— C'est chiant.

— Ouaip, mais rien d'insurmontable. À Nice non plus d'ailleurs mais le problème est plus grave.

— Dis-moi tout.

— Ça ressemble beaucoup à une spoliation de DNS[1] par des étrangers.

— Explique au béotien que je suis…

J'imagine Daniel assis dans son bureau situé à mi-chemin entre la NASA (pour l'électronique) et la caverne d'Ali Baba (pour le bric-à-brac), en train de hausser les épaules en allumant une cigarette. Il sait que je vais le faire répéter dix fois, lui demander de corriger son compte-rendu, de le simplifier, pour qu'il soit lisible – et surtout compréhensible – par le commun des mortels. Autrement dit par quelqu'un qui n'a pas un diplôme d'ingénieur en informatique spécialisé sécurité.

— T'as raison, chef… faudrait pas que tu dises une connerie au client! me lance-t-il avant de commencer son monologue.

Au bout d'un quart d'heure, j'ai compris qu'un petit malin a réussi à détourner l'intégralité du flux des serveurs internes du client à son profit et qu'il est impossible de dire depuis combien de temps cela dure. Ainsi, tous les serveurs internes sont librement accessibles et le moindre document échangé en interne est accessible au pirate. Si une opération de maintenance élémentaire n'était pas venue modifier le fonction-

1. *Domain name server*, autrement dit, détournement de l'adresse du Serveur internet afin de faire transiter des informations par un serveur sous contrôle.

nement du réseau, cela aurait pu durer encore des mois. Les pertes sont immatérielles donc impossibles à chiffrer, mais le capital informationnel de l'entreprise a bel et bien été pillé.

— Tu as une idée de qui est derrière ?

— Tu ne veux pas le prénom du hacker aussi ?

— Juste son origine.

— On a repéré des éléments qui font penser à des Chinois. Mais aucune certitude à ce stade. Les éléments ont pu être mis juste pour embrouiller…

— Des privés ?

— J'en doute, ça sent la manip' d'État. Les moyens mis en œuvre ne sont pas à la portée d'un cabinet privé. Le travail d'approche et de documentation serait trop long et donc trop coûteux. Mais je ne connais pas mes homologues chinois…

— Bon, il va falloir qu'ils déposent plainte.

— Tu peux toujours essayer de leur dire mais leur décision est déjà prise. C'est non !

— T'es sérieux ?

— Ils ne veulent pas en parler aux flics par peur de la pub, alors déposer plainte…

— Même pas en parler aux flics ? T'es sûr ?

Pourquoi cacher mon étonnement ? Il existe des circuits d'échanges entre les entreprises et la DCRI dans le cadre de la protection de nos intérêts. Ces échanges sont confidentiels et le client utilise régulièrement ce canal pour obtenir ou transmettre des informations confidentielles.

— Ton client adoré a refusé que l'on passe par eux pour obtenir des éléments qui nous auraient pourtant fait gagner du temps dans nos recherches, me lâche Daniel un rien ironique, en allumant une nouvelle cigarette.

J'hésite sur la position à adopter. Faire le siège de mon client pour qu'il informe la DCRI ou pas ? Le faire de mon côté en toute discrétion et laisser les policiers décider de ce qu'ils doivent faire de l'information ? Une solution tentante mais qui reviendrait à estimer que je suis dans une meilleure position que mon client pour décider où est son intérêt. Ce qui serait pour le moins prétentieux et pourrait s'avérer dangereux. Après tout, le travail qui était attendu du cabinet est en cours d'achèvement et notre discrétion est comprise dans le prix de notre prestation. D'autres groupes industriels de premier plan ont décidé que le prix de leur pénétration du marché chinois passait par le fait d'être totalement transparents. L'un d'eux, véritable fleuron européen, pour ne pas dire mondial, a confié la protection du système d'information de ses sites chinois à un cadre local, ce qui revient à installer un coffre-fort dont la porte demeure ouverte.

En fait, le client est libre de faire ce qu'il veut de nos conclusions et, de notre côté, nous nous réservons une forme de droit de retrait si l'on estime que les limites de notre éthique sont atteintes et que poursuivre une mission contreviendrait aux règles internes du cabinet, voire à la loi. Là, je pressens que notre rapport aura droit à un enterrement de première classe. C'est d'autant plus dommage que le retour d'expérience pourrait sans doute servir à d'autres groupes : il est peu probable qu'une pénétration technologique n'ait été utilisée qu'une fois.

XI

Boulot de mercenaire

Bar du *Méridien Montparnasse*. Il est 22 h 30.

Je me demande ce que je fais là au lieu d'être à ma table de travail à compléter le dossier qui m'attend. Il doit impérativement être rendu demain matin et les dernières infos sont arrivées bien plus tard que prévu. Une nuit blanche m'attend.

Les deux hommes d'affaires sont plutôt d'un commerce agréable mais ils peinent à entrer dans le vif du sujet. La discussion flirte avec les banalités les plus plates depuis près de deux heures. Ce n'est pas désagréable, juste inutile.

Ils ont la chance de m'avoir été chaudement recommandés par un ami commun (qui est aussi un client). Sans cela, j'aurais prétexté un dîner ou un autre rendez-vous urgent depuis longtemps pour m'esquiver, mais là, j'écoute le plus ancien des deux me raconter des aventures africaines qu'il a largement vécues par procuration. J'affiche un sourire de circonstance tout en me retenant de bâiller d'ennui. Je profite qu'il reprenne sa respiration pour lui couper la parole :

— Je n'avais pas compris que vous aviez aussi des activités sur le continent africain.

— C'est marginal. 2 à 3 % du chiffre d'affaires et au moins la moitié des problèmes. Mais rien au regard de celui qui nous amène aujourd'hui.

Je souffle intérieurement. On va enfin rentrer dans le vif du sujet. J'espère que ce n'est pas trop compliqué, sinon on sera encore là à la fermeture du bar, voire demain à l'aube s'ils continuent à se perdre en circonlocutions.

— Vous connaissez l'Asie du Sud ? me lance le plus jeune.

— Inde, Pakistan ? Ce sont des pays où nous intervenons ponctuellement, dis-je sur un ton qui se veut assuré, presque détaché. Pourtant ce ne sont pas nos terrains favoris.

— Non, plutôt le Bhoutan et ses voisins.

— Certains de nos correspondants sont habitués. Ce sont des Anglo-Saxons. Ils y sont un peu chez eux. Pouvez-vous m'en dire un peu plus ?

— Nous avons un différend commercial assez important et les garanties mises en place sont trop limitées pour suffire.

— Autrement dit, vous souhaitez une intervention pour débloquer la situation parce que les assureurs (Coface ou équivalent) ne suffiront pas.

— Oui. Nos partenaires d'hier ont rompu tous les ponts et nous voulons les contraindre à assumer leurs engagements. Pour nous, c'est à peu de choses près une question de survie.

Ils me sortent alors des graphiques destinés à montrer l'ampleur du préjudice pour leur société. Il est réellement de près de trois millions d'euros et pourrait rapidement atteindre la dizaine de millions si rien n'est fait rapidement. Cela fait des semaines que la situation est bloquée, les ponts rompus entre les anciens partenaires. Je me retiens de leur demander pourquoi ils n'ont rien fait plus tôt et je réponds :

— Je peux vous donner sous quarante-huit heures la liste des leviers juridiques voire politiques que nous pouvons activer. Avec la probabilité de succès et une estimation du prix de notre intervention.

Je commence à penser que cette réunion pourrait déboucher sur une mission intéressante dans un pays exotique. L'enjeu est d'importance, la mission pourrait être longue et complexe et, avec un peu de chance, aussi rémunératrice qu'intéressante. Tout en suivant la conversation, je me demande qui je vais désigner pour diriger la mission si la demande va à son terme.

— Nous ne nous sommes pas vraiment compris, me lance le plus ancien. Ce n'est pas du tout ce que nous voulons. On nous a assuré que vous étiez des professionnels de l'intelligence économique « opérationnelle ».

— On peut le dire ainsi, effectivement. Mais ce que je vous propose est une solution opérationnelle visant à récupérer votre matériel, pas une simple étude « papier ».

— Non. Non. On veut quelque chose de plus costaud.

Je crains de commencer à comprendre et hésite à lui demander de répéter ou de préciser sa pensée.

Le serveur tourne autour de la table sans oser s'approcher pour desservir et proposer une nouvelle tournée. Il n'y a presque plus personne et je sens bien qu'il a envie de fermer et de rentrer chez lui. En temps normal, le bar aurait déjà fermé depuis quinze minutes.

— Je vous proposerai, dans la mesure du possible, plusieurs scénarios d'intervention, mais nous entendons conserver la maîtrise de nos opérations.

— Écoutez, nous ne voulons plus perdre de temps à rechercher les bases d'un accord avec ces gens mais uniquement récupérer notre matériel, au besoin par la force.

— J'en prends acte, nous nous organiserons pour que les autorités prennent les décisions en ce sens.

— Arrêtons de tourner autour du pot. Nous sommes venus vous voir parce que nous souhaitons une exfiltration et rien d'autre.

— Pardon ?

Le terme a un sens précis dans la profession, celui d'une opération militaire de sauvetage, qui n'est pas du ressort de sociétés privées (sauf peut-être dans les fantasmes de quelques mythomanes connus de toute la profession). Les moyens à mettre en œuvre sont particulièrement lourds et la mission risquée. Comme la récupération d'hommes infiltrés derrière les lignes ennemies par exemple.

— Oui. Je suis prêt à payer le prix qu'il faudra pour que vous récupériez nos équipements en bon état, le stock de pièces détachées et, sans oublier, les deux gars que l'on a là-bas.

— Vous êtes conscient que vous ne nous demandez rien moins qu'une opération mercenaire dans un État souverain ? Pas un coup d'État mais tout de même une opération à main armée dans les rues d'une capitale. Avec tous les risques que cela suppose.

Je me demande s'il est conscient de ce qu'il demande. Et que les chances de succès sont tout simplement de l'ordre de zéro. Il regarde trop de séries B pour occuper ses soirées.

— Vos gens sont des professionnels triés sur le volet, m'a-t-on dit. Et en face, il n'y a que des militaires d'opérette à l'entraînement aléatoire.

— Cela n'a rien à voir.

Ce n'est pas parce que certains de « mes » consultants savent prendre le contrôle d'un site industriel, ou d'un quartier, afin de le sécuriser, qu'ils vont aller faire le coup de feu pour un vulgaire différend commercial. Leur métier est d'éviter la crise, si nécessaire de la gérer, en aucun cas de la susciter. Ce sont des professionnels de la gestion de risque et donc tout sauf des têtes brûlées inconscientes. Mais je n'ai pas envie d'expliquer tout cela à mon vis-à-vis qui a l'air si sûr de lui, si sûr de son bon droit.

Pire, il ne se rend même pas compte des inévitables suites judiciaires et médiatiques qu'entraînerait une telle opération de piraterie internationale. Sans compter qu'il est impossible que le gouvernement français laisse faire. Même si le débat sur les sociétés militaires privées est ouvert, aucun décideur politique ne prendra sur lui de laisser faire une telle opération.

Au-delà de ces demandes, somme toute assez rares sans être exceptionnelles, il est un autre marché que certains tentent de faire fleurir : celui de la récupération des enfants du divorce de couples binationaux ou multiculturels. Des opérations parfois tout aussi risquées et dont la charge émotionnelle est sans commune mesure puisqu'il s'agit d'enfants et de vies brisées. Et là aussi le meilleur côtoie le pire. Si certains sont de véritables modèles d'éthique et de droiture, d'autres demeurent des escrocs à la petite semaine qui prospèrent sur la misère humaine en pariant sur le fait que ce ne sera pas ébruité.

Ces missions peuvent sembler éloignées de l'intelligence économique telle qu'elle est enseignée dans les universités, écoles, voire présentée dans les sociétés savantes par des conférenciers à l'éloquence le plus souvent inversement proportionnelle à leur expérience pratique.

En effet, il faut avoir présent à l'esprit qu'aucune structure, en France comme en Europe ou aux États-Unis, ne peut vivre des seules missions d'intelligence économique. Elles constituent un marché de niche et les clients attendent des réponses intégrées : la protection de l'information n'a de sens que liée à celle du patrimoine qu'il soit physique ou logique. L'information recueillie dans le cadre d'un plan de recherche doit être évaluée pour devenir partie intégrante de la stratégie de l'entreprise. Même un acteur aussi connu que l'Américain Kroll a été obligé de diversifier ses prestations pour vivre.

S'il est une exigence dans ce métier, c'est celle de savoir dire non. Il est important de connaître ses limites, celle de son éthique, sous peine d'accepter des missions sans lien – même ténu – avec l'intelligence économique. Si la sûreté économique est une part croissante de l'activité – à quoi sert d'avoir un contrat mirifique s'il est impossible de le mettre en œuvre ? – elle ne doit pas sombrer pour autant dans le mercenariat, voire pire. Au risque d'assister à des débordements comparables à ceux constater en Irak au nom de la sécurité des opérateurs économiques.

XII

La DGSE passe la main

— Il faut que l'on se voit au plus vite.

En dépit de la mauvaise qualité de la communication téléphonique, je sens bien que Christophe est nerveux. Responsable de l'intelligence économique dans un grand groupe énergétique, son ton est habituellement bien plus enjoué. L'empressement non plus n'est pas dans ses habitudes.

Tout cela ne me dit rien qui vaille. Bien que nous nous connaissions depuis plusieurs années, nous ne nous sommes pas vus depuis le débriefing d'une mission quelques mois plus tôt. Une petite fâcherie sans grande importance.

— OK. Tu veux que je passe dans l'après-midi ?

— Non, je suis dans ton quartier. Si tu es au bureau, j'arrive dans cinq minutes.

— OK, je te fais ouvrir le parking.

*

Moins de cinq minutes plus tard, il est dans mon bureau. Son éternel sourire a disparu. L'homme est préoccupé, cela se sent, mais il cherche à se donner une contenance en jouant avec son stylo-plume. Il a étalé devant lui quelques pages blanches décorées du seul logo de son groupe. Et un bristol sur lequel est inscrite une petite dizaine de questions : sa « liste de courses » dans le jargon de la profession.

Je n'ai pas fini de m'asseoir en face de lui, de l'autre côté de la table de réunion qui occupe toute une partie de mon bureau, qu'il me dit sans cesser de triturer son stylo :

— Faut que tu m'aides. Mortier vient de me lâcher.

« Mortier » ou « le service » est le terme consacré pour désigner la DGSE, le service de renseignement extérieur. Christophe assure la liaison entre son groupe et le service compétent de la DGSE ; ils sont une petite centaine dans Paris à avoir ce privilège. Des *happy few* qui ont le droit de proposer des orientations – parler de questionner serait grossier et voudrait dire qu'une réponse est attendue – mais aussi de consulter des productions... dont l'intérêt est très variable.

— Il faut que tu m'en dises un peu plus...

— Tu sais que nous nous préparons à répondre à un appel d'offres international au Nigeria pour environ cinq milliards d'euros.

— Oui, il m'arrive de lire la presse... C'est un pays que le « service » connaît bien, ils y ont une équipe permanente assez importante.

J'ai cru lui arracher un sourire mais je n'arrive qu'à me faire fusiller du regard. S'il savait que le chef de poste de la DGSE au Nigeria est un copain de fac... que je prendrai soin de ne pas contacter afin de ne pas entacher une carrière qui s'annonce brillante. En effet, son supérieur, le directeur du renseignement, ne lui pardonnerait pas d'avoir pris un verre avec un « mercenaire de l'économie », une barbouze. Même si l'on poursuit le même intérêt national et que nos vues pourraient s'avérer complémentaires. Le directeur en question s'en fout, il ne souhaite qu'une chose : éviter les vagues !

— Sans doute. Mais ils viennent d'opposer une fin de non-recevoir à mes demandes sur le Nigeria. Ils « passent leur tour », pour reprendre l'expression que mon interlocuteur a utilisée, me dit Christophe.

Christophe ne le sait pas mais je connais bien le gars qui lui a tenu ce discours. Il ne l'a pas fait de gaieté de cœur mais sur ordre de son directeur général. Il y a des enjeux politiques et diplomatiques tels qu'il a été décidé de ne pas prendre de risque pour un marché, aussi important soit-il. Pas question d'exposer les relations bilatérales à un éventuel contrecoup. Un arbitrage sans doute rendu directement à l'Élysée, même si personne ne voudra le reconnaître. L'ampleur du contrat dans la balance fait que seul un décideur politique a pu prendre cette initiative.

— Ce n'est pas la fin du monde. Tu as encore assez de temps pour bâtir quelque chose de solide et cohérent.

— Facile à dire. On n'a rien, zéro réseau, deux lobbyistes recrutés il y a quelques jours et autant te dire que la présidence du groupe attend des résultats rapides et significatifs.

— Et alors ? Le « service » t'aurait livré quoi ? Des trucs « tombés du ciel » ? Tu comptais pas qu'ils aillent au charbon ?

Christophe sait aussi bien que moi que la DGSE ne fait guère d'effort sur les dossiers commerciaux. La stratégie de « Totem » (bureaux de liaison) fait que le management ne souhaite surtout pas indisposer un service ami par de l'activisme commercial. Dès lors, l'information livrée aux entreprises – jusqu'à plusieurs centaines de documents par an – provient soit d'éléments déjà en stock, soit d'interceptions obtenues par le réseau satellitaire d'écoutes[1]. Pas question de mobiliser des moyens qui pourraient être dévolus à la lutte antiterroriste ou à d'autres enjeux majeurs, pour aider l'entreprise France à conquérir des marchés comme à protéger son savoir-faire. On peut le regretter ou s'en féliciter, mais c'est un fait.

Les antennes de la DGSE dans les ambassades, comme celles des autres services occidentaux, n'ont de secret que le nom : les personnels sont connus, car « déclarés » au pays d'accueil afin d'assurer des missions d'échange et de liaison. La règle en vigueur est que l'on ne travaille pas contre son pays de résidence. De toute façon, le contre-espionnage local assure une surveillance suffisamment étroite et régulière pour qu'il n'en soit pas autrement.

Reste les « clandestins », les « illégaux » disaient les Soviétiques, mais les mesures de sécurité inhérentes à leur déploiement font qu'ils sont limités à des thématiques particulièrement sensibles telles que l'antiterrorisme, la contre-prolifération et quelques autres sujets éloignés de l'économie.

— Même symbolique, un coup de main aurait été bienvenu. Comment je vais justifier cette situation vis-à-vis de ma hiérarchie ?

— En tout cas, c'est un cache-misère ! Parce qu'il ne faut pas compter sur la DGSE pour déployer des gars à douze mille kilomètres de Paris pour une opération commerciale, tu le sais bien !

— Ouais… mais les Z (les écoutes) sont souvent très utiles. Et avec un peu de chance, ils auraient pu faire une ou deux chambres d'hôtel, ajouta-t-il.

1. Un outil sans commune mesure avec le réseau ECHELON géré par la NSA américaine depuis que, pour reprendre l'expression de George Bush (père), l'Amérique « a fait le choix de tout savoir ».

Sur le territoire national, une équipe de la DGSE, à l'instar des autres grands services de renseignement, joue encore les rats d'hôtel. Une pratique qui, avec l'ouverture des valises diplomatiques, fit les grandes heures du « service 7 » dans les années 1950. Depuis, le service a tellement changé de nom que les « initiés » en utilisent pas moins d'une douzaine. Plus grave, quelques « renégats » se vendent au plus offrant en usant tant du savoir-faire que des contacts acquis dans l'administration. Pour eux aussi nombre de palaces et hôtels parisiens sont « ouverts » !

— Eh bien, tu vas recruter des sources et les faire parler. C'est bien aussi.

En disant ces mots, je sais qu'il n'en fera rien, que je « prêche pour ma paroisse », mais cela ne me dérange guère. Non seulement je connais bien les arcanes politiques du Nigeria, mais le dossier est intéressant à défaut d'être gagné d'avance. Je me promets de passer quelques coups de fil une fois seul. Christophe ne peut se permettre de s'exposer, sa hiérarchie ne lui donnera jamais le moindre aval s'il ne dispose pas d'un « fusible », un prestataire qui puisse prendre sur lui toute la responsabilité d'un éventuel échec.

La règle, non dite mais que chacun garde à l'esprit, est celle du « déni plausible ». Dans ce domaine, un contrat est avant tout un transfert de risque : le client saurait souvent faire seul s'il voulait, mais ne souhaite pas s'exposer. Parfois, il a même l'information recherchée en interne, mais ne sait pas où, dans quel service, ou ne veut pas solliciter tel ou tel collègue. Situation qu'un industriel connu résume ainsi : « Nous avons forcément au moins une partie de l'information en interne, mais ni le temps ni l'envie de chercher… »

Quand à la DGSE, il ne faut pas conclure pour autant qu'elle n'intervient pas au profit de nos industriels. C'est même tout le contraire : certains groupes reçoivent plusieurs centaines de documents par an émanant des services de renseignement français. C'est le plus souvent le fruit d'un recueil technologique (les écoutes) ou passif (confidence d'une source en marge d'autres dossiers). En revanche, il y a des limites claires à son action, ce sont celles de la raison d'État : pas question de prendre le risque de « griller » une source pour des raisons économiques, mais aussi à cause des priorités données par le pouvoir exécutif. Or, depuis un certain 11 septembre 2001, le terrorisme islamique et son financement sont les seules véritables priorités, avec la prolifération nucléaire et balistique. Et personne ne s'en plaindra.

Une autre limite à l'action des services de renseignement français dans le champ économique est celle des coopérations. Comment mener des opérations économiques, qui pourraient être jugées hostiles, dans un État avec lequel des accords de coopération en matière de renseignement existent ! Pire, au niveau européen, une sorte de pacte de non-agression est respectée entre les États qu'aucun responsable français ne remettrait en cause pour des raisons mercantiles. Un accord similaire concerne les relations transatlantiques, depuis les errements du milieu des années 1980 lorsqu'un consul de France fut surpris par le FBI en train de récupérer des documents dans une « boîte aux lettres mortes » : une poubelle dans une cité du Texas. Autrement dit, les sièges de nos principaux concurrents sont largement hors de portée. En espérant qu'ils appliquent ces règles avec la même rigueur…

Il est loin le temps du début des années 1990 où les services de renseignement occidentaux, privés de l'ennemi soviétique, se cherchaient de nouvelles missions, pour ne pas dire de nouvelles causes ! La question n'était plus de savoir s'il y avait un risque de « désespérer Billancourt » mais de savoir comment aider la marque au losange à conquérir le monde.

Il y a près de trente ans, au début des années 1980, la DGSE animait en Inde un réseau du nom de NICOBAR dont une des figures de proue était un proche collaborateur d'Indira Gandhi. Ce réseau servit, entre autres, à faciliter la vente des Mirage 2000 à l'armée de l'air locale. Trop sollicité, le réseau fut démantelé par les Indiens, les locaux furent durement sanctionnés, alors que l'équipe de la DGSE, protégée par son statut diplomatique, fut contrainte de quitter le pays. Un départ discret en dépit d'un net et durable refroidissement des relations bilatérales. Aujourd'hui, rien de tel ne serait possible, sans que l'on sache si c'est le fruit des leçons du passé.

Même lorsque la DGSE tend la main aux entreprises, les cabinets d'intelligence économique ne sont pas les bienvenus. Ils sont perçus comme un mal nécessaire, au mieux ! Les interventions sont donc successives, voire parallèles, mais en aucun cas communes. Réunir les trois partenaires autour d'une même table, ce qui aurait l'avantage de l'efficacité, est totalement inenvisageable dans le contexte actuel. Pis, c'est vu comme une ineptie par nombre de professionnels des deux camps qui préfèrent vider la mer avec une petite cuillère chacun de leur côté plutôt que de regarder ce qui se passe aux USA ou en Suède depuis quelques années.

Notre république a beau être colbertiste, toutes les bastilles n'ont pas encore été prises. Une situation d'autant plus surprenante que le titulaire de l'exécutif est un adepte de l'intervention directe du pouvoir dans les dossiers économiques, y compris les plus délicats.

Finalement, le groupe de Christophe passe contrat avec nous pour pallier le refus de la DGSE, Mais il regrette amèrement de ne pas bénéficier du « filet » de protection d'une administration.

Profession : ouvreur

Un peu en marge de l'activité d'intelligence économique ou du moins plus proche du volet barbouzard de la profession qu'autre chose, il y a une profession dont personne ne parle jamais, bien que régulièrement mise à contribution : les « ouvreurs ».

Cette population, essentiellement issue des rangs de la direction des opérations de la DGSE, est limitée à une petite dizaine de personnes agissant exclusivement dans une semi-clandestinité même si au moins l'un d'eux, en quête de respectabilité, s'est récemment présenté aux législatives.

Leur spécialité ? L'ouverture de portes, de coffres, de chambres d'hôtel sans laisser de traces. Ce que les spécialistes nomment l'effraction douce. Après avoir servi la raison d'État, ils ont mis leur savoir-faire – et leurs relations dans les hôtels de Paris et la Côte d'Azur – à la disposition du plus offrant.

Si les palaces sont leur terrain de jeu favori, plusieurs groupes – et la rédaction d'un newsmagazine – ont été confrontés à la visite d'un inconnu qui, à chaque fois, savait exactement où aller et comment faire pour s'emparer de ce qu'il cherchait sans laisser de traces. Dans un cas, à la demande d'une société dont le siège social est situé à un jet de pierre de la porte d'Orléans, il s'agissait d'un ordinateur portable contenant les résultats de plusieurs mois de tests confidentiels. Dans l'autre, le magazine, il s'agissait d'un dossier dont la publication était prévue quelques semaines plus tard. Des soupçons existent mais l'absence d'indices fait qu'il n'y a pas vraiment eu d'enquête.

XIII

La CIA est votre conseil ?

— Je vais être honnête avec toi : vous êtes deux sur le coup, me lâche Sylvain Renard, sans me regarder.

Sylvain, ancien militaire, est en charge de l'intelligence économique de Silkwood, un grand groupe industriel en pleine internationalisation. En deux ans, il a su s'intégrer à un contexte délicat et gagner la confiance de ses chefs au point d'être aujourd'hui associé à nombre de décisions sensibles. Sans doute en raison d'une parole rare, précise et franche.

— Je pensais pourtant que c'était gagné…

Alliant le geste à la parole, j'allume mon ordinateur portable pour chercher le courriel des achats confirmant que nous avons remporté le marché en question : une étude de réputation – un « environnement » dans le jargon – de Youri Solnetsvo, un oligarque russe à la notoriété contrastée avec qui Silkwood envisage de nouer un partenariat stratégique. Sans être passionnante, la mission m'intéresse d'autant plus qu'elle est destinée au conseil d'administration du groupe et que c'est un moyen de se faire reconnaître dans un métier où la publicité est impossible (ou peu s'en faut).

— Oui, oui. Je ne reviens pas sur ce qui a été dit. C'est juste que vous serez deux à faire l'étude. Comment dire… en parallèle !

— Vous avez mandaté deux cabinets ? La confiance règne... et les budgets explosent !

— M'en parle pas. Je l'ai en travers de la gorge et je l'ai dit au chef. L'autre est cinq fois plus cher que toi et je doute que cela soit justifié même s'il s'agit d'un cabinet de taille mondiale.

— TRG, Krill, Karos, un autre ?

— Oui, un de ceux-là. On a déjà bossé avec eux sur la Jordanie, leur représentant est venu nous faire un show en guise de présentation. Le gars a commencé par rappeler qu'il avait été chef de poste de la CIA avant de dérouler son PowerPoint. À l'arrivée, la forme était aussi brillante que le fond était creux, mais les chefs étaient sous le charme. Ils étaient persuadés d'avoir eu l'opinion de la CIA sur le type, de tout savoir, alors que le travail demandait à être approfondi avant de permettre une prise de décision. L'Américain aurait pu lire le bulletin météo, l'effet aurait été le même.

— On ne peut pas vraiment lutter dans ce domaine. Leur politique marketing est rodée et leur origine anglo-saxonne fait qu'ils sont forcément perçus comme plus professionnels que nous même s'ils ne répondent pas à la question posée. J'ai tenté de me battre mais en pure perte, j'ai donc décidé de me concentrer sur la qualité des prestations. Ils ont *le* faire-savoir à nous de démontrer *notre* savoir-faire !

Dans ce contexte, le prix n'est que très rarement un facteur discriminant : il est de toute façon dérisoire au regard des sommes engagées ou même des honoraires des banquiers-conseils et autres avocats.

— Si cela peut te rassurer, le chef n'est pas dupe. Mais le dossier est difficile et il veut être couvert par « une signature incontestable », pour rassurer le conseil d'administration et les investisseurs. Sans pour autant faire confiance à tes concurrents.

— Dont acte. On va se mettre au boulot et démontrer que nous pouvons être plus efficaces que les Américains. Une saine émulation. De toute façon, il n'est pas impossible que les banquiers exigent l'intervention d'un de leurs cabinets.

— Ce qui m'ennuie, c'est qu'en leur faisant part de notre intérêt pour Youri Solnetsvo et son groupe, on se dévoile vis-à-vis de la CIA alors que les Américains pourraient être nos concurrents.

Renard fait partie de ceux qui estiment que les cabinets anglo-saxons ne sont rien d'autre que des émanations de la CIA ou du MI6 et il se fonde sur la présence d'anciens des services de renseignement au sein des effectifs pour le justifier. Sans voir que la concentration de « retraités des services » est la même pour les principaux acteurs français. Mieux, si l'on a vu un Américain comme Kroll réussir à faire condamner l'administration américaine devant ses propres juridictions, on attendra longtemps avant de voir un cabinet français faire de même avec les autorités tricolores. Aucun n'a le poids requis pour envisager un tel bras de fer.

Jules Kroll, le fondateur du cabinet éponyme, a d'ailleurs retourné l'argument en disant : « Quand je me suis installé en France, je savais que j'avais affaire à un peuple d'emmerdeurs et je n'ai pas été déçu, mais je n'avais pas imaginé que la DST serait mon principal concurrent. »

Considérer que la CIA (ou le MI6) se dissimule derrière chaque action des cabinets d'intelligence économique ou des grands cabinets d'audit d'origine anglo-saxonne est un non-sens. Comme de penser qu'il en va de même pour les services spéciaux français. Ces derniers sont pourtant loin de disposer de la même influence!

— Tu sais bien que s'ils veulent connaître vos plans, ils les sauront. Ce n'est qu'une question de temps et de moyens. Ils disposent d'un arsenal en face duquel aucun groupe ne peut tenir tête avec des moyens classiques. Que ce soit par la corruption du personnel, la pénétration clandestine ou l'interception de vos communications. Là, en plus, ils annoncent la couleur: tu dis toi-même qu'ils affichent leurs liens avec leur ancien service comme un argument commercial, cela devrait faciliter la pédagogie...

Je pourrais continuer la liste des sources de fuites possibles en y ajoutant les avocats des différentes parties, les banquiers, conseils en communication, etc. Je me retiens de lui rappeler que Silkwood, en externalisant ses serveurs de messagerie auprès de la filiale montpelliéraine d'un groupe américain, a ouvert un véritable boulevard aux curieux de tous les services[1]. Pourquoi forcer la porte lorsque la fenêtre est ouverte? C'est la structure même des entreprises fondées sur le recours massif à la sous-traitance qui est largement antinomique de la confidentialité espérée. Tout se sait très vite, ce n'est qu'une question de moyens car l'entreprise n'est pas structurée pour résister à une démarche offensive et systématique.

— Là, on leur livre peut-être notre stratégie sur un plateau... rétorque Sylvain.

1. Un audit informatique fait par le cabinet a mis en évidence des failles de sécurité importantes. Certaines avaient été détectées par les administrateurs réseaux comme a fini par l'avouer l'un d'eux: « Lorsqu'il faut choisir entre sécurité et disponibilité du réseau, le choix est vite fait: on ne se fera jamais engueuler pour une faille de sécurité. De toute façon, l'externalisation a été faite sans que notre avis ait été sollicité. »

— Penses-tu que si la CIA aide votre concurrent américain, ils ne le savent pas déjà ? Qu'ils n'ont pas repéré les voyages de vos négociateurs, qui ils rencontraient, fait pression sur un de vos consultants, écouté leurs communications téléphoniques avec le siège grâce au réseau planétaire ECHELON, et j'en passe…

— T'es encourageant !

— La liste est presque infinie. Sans parler du fait que Solnetsvo pourrait bien avoir lui-même échangé avec les Américains sur vos discussions afin de faire monter les enchères.

Je vais éviter de faire cauchemarder Sylvain, mais c'est un cas de figure que nous avons déjà connu. Le client ayant signé le soir à Paris, avec tout le cérémonial lié à un grand contrat, s'est empressé de sauter dans son avion personnel pour aller proposer le marché au concurrent allemand en échange d'une ristourne supérieure.

— Tu es en train de me dire que la partie est perdue d'avance ! lance Sylvain Renard en levant les bras au ciel.

— Jamais ! Ne jamais partir vaincu, pas plus que la fleur au fusil. Au contraire, il faut juste tout faire pour ne pas être le maillon le plus faible de la chaîne. L'information a trop souvent été le parent pauvre du processus de décision, c'est ce qui doit changer. Dans ce domaine, les Anglo-Saxons ont effectivement vingt ans d'avance autant pour la maîtrise que pour la manipulation.

L'autre aspect est le partenariat public-privé, un cadre de la CIA ou du MI6 sera reçu s'il en fait la demande, voire sollicité par le représentant de son ancien service. Côté français, rien de tel : les cabinets d'intelligence économique sont perçus comme des rivaux, quand ils ne sont pas ouvertement classés parmi les adversaires. Tous les prétextes sont bons pour éviter les échanges... sauf lorsque l'administration est demandeuse et qu'elle entend trouver des consultants le petit doigt sur la couture du pantalon, disposés à répondre à la moindre exigence en toute discrétion et sans poser de question.

*

Notre rapport est remis deux semaines plus tard : Solnetsvo n'est pas fréquentable au regard des exigences du groupe Silkwood et il n'a pas le cash annoncé pour mener à bien le projet envisagé. Par ailleurs, il est en train de finaliser un accord avec un concurrent indien dont l'offre technologique est moins intéressante mais le volet financier plus généreux. Il semble que les Américains intriguent non pas en faveur d'un candidat, mais pour empêcher que le marché soit conclu.

Aucun commentaire n'est fait sur le rapport du concurrent, mais deux nouvelles missions sont signées dans les heures suivantes.

XIV

Le Kaspia ne répond plus

— Allô Paris, on a un problème !

L'appel vient du Kaspia, l'un des États les plus fermés de la planète.

L'auteur de l'appel, Karl, est le collaborateur du cabinet installé là-bas depuis quelques années pour assister nos clients. Totalement intégré, il parle désormais la langue du pays et s'est fait une spécialité de régler les maux créés par une administration kafkaïenne à force d'être soupçonneuse. Karl, ancien légionnaire, est un animal à sang-froid et à l'humour caustique. Ses appels inquiets sont rares.

— Salut, mon gros ! Que puis-je pour toi ?

— Je pense que j'ai un escroc français sur les bras. Il dit être mandaté par Alliance (un de nos clients dans le pays), mais personne ne m'a prévenu de son arrivée et visiblement il ne connaît pas son prétendu métier : il a provoqué l'hilarité des ingénieurs qui sont ici et ils veulent savoir d'où sort ce mec. Il dit être sous-traitant d'Alliance mais on n'a pas pu le confirmer au siège. Le nom de sa boîte ne dit rien à personne…

— OK, tu as son nom et sa date de naissance ?

— Oui. Jacques Boher. Mieux, un scan de son passeport et de sa carte de visite, je te balance cela par mail.

— OK. Laisse-moi quelques heures, tu auras une réponse avant ce soir.

— Parfait. Je vais l'amuser pendant ce temps. Pas question que je lui file une voiture ou que je le laisse circuler seul dans la capitale.

En raccrochant, je ne sais quoi penser.

L'hypothèse de l'escroc est possible mais guère probable. Il n'y a pas grand-chose à détourner chez Alliance et le Kaspia est un pays suffisamment fermé pour que ce ne soit pas la piste privilégiée. Il pourrait aussi s'agir d'un simple mythomane, ce ne serait pas le premier. Je m'interroge sur la meilleure manière de savoir avec certitude qui est cet individu lorsque le scan du passeport s'affiche sur l'écran de mon ordinateur.

L'adresse de Boher est parisienne. Il est aussi né dans la capitale. Deux points de nature à faciliter les recherches. Il serait né hors de France, les temps de contrôle auraient été allongés d'une dizaine de jours au moins[1]. C'est pire encore pour certaines anciennes colonies dont l'état civil n'a été que partiellement transféré vers Nantes où l'information est centralisée.

Une vérification rapide sur Euridile, la base de données des sociétés, ne fait qu'épaissir le mystère. Aucune trace d'une quelconque société dirigée par Boher. Certes, il peut avoir son siège social dans un pays limitrophe et à fiscalité plus avantageuse, comme le Luxembourg, mais cela ne colle pas avec le reste des informations transmises par Karl. L'adresse de la carte de visite est celle d'un centre d'affaires parisien connu

1. L'État civil n'est alors que très partiellement informatisé et la centralisation en un point unique – Nantes – constitue un vrai problème. Sans parler de tous ceux qui sont nés dans les anciennes colonies dont les États civils sont aléatoires ou qui ont brûlé lors de l'accession de ces pays à l'indépendance. Le nombre d'agents que le SDECE (ancien nom de la DGSE) a déployé en Algérie entre 1955 et 1962 est impressionnant.

pour héberger des centaines de boîtes aux lettres et où il est possible de louer des bureaux à la journée ou même à l'heure.

Pendant qu'un des consultants du cabinet file vérifier les deux adresses, et éventuellement faire des photos pour un possible dossier, je décide à ce stade de ne pas prévenir Alliance pour ne pas susciter de vagues prématurées. Autant avoir des faits à exposer plutôt que de simples doutes.

Félix Léteur est mon contact à la DCRI. Mon officier traitant pourrait-on dire. Au fil du temps – près d'une décennie –, nous avons lié des relations cordiales, j'ai failli dire de confiance, même si chacun appartient à un camp et que la qualité des discussions est basée sur le principe d'un échange équilibré limité par nos contraintes respectives. Sa priorité n'est pas tant le respect de la loi que l'information du gouvernement, c'est un officier de renseignement avec une carte de flic et non un « simple » officier de police judiciaire ; de mon côté, je me dois de préserver mes clients. C'est à eux, et à eux seuls, de décider ce qu'ils veulent transmettre aux pouvoirs publics.

— Salut Félix, j'ai besoin de tes talents…

— Une urgence ?

— Un peu tôt pour le dire… Jacques Boher, ça te parle ?

J'ajoute la date de naissance au passage.

— Comme ça, à brûle-pourpoint… Pas le moins du monde.

— Tu pourrais me dire ce qu'il faut savoir sur lui ?

— Tu veux que je te rappelle que la loi me fixe un certain nombre de limites dans ce domaine ? m'interrompt-il.

— Je te demande pas sa bio détaillée, juste de me dire s'il y a un problème.

En trois phrases, je lui résume la situation et lui explique que très probablement rien ne sera écrit mais que j'ai besoin de lever le doute. Il finit par reconnaître que ma demande est compréhensible, mais me rappelle qu'il a besoin d'en informer sa hiérarchie afin de ne pas s'exposer dans le cas où les découvertes auraient des suites légales. Lui comme moi savons que c'est une simple formalité.

Lorsque Félix me rappelle, une demi-heure plus tard, je viens d'apprendre que l'adresse mentionnée sur le passeport est fausse. Le numéro n'existe pas, la rue s'arrête avant ! Quant à la « société », elle a bien été hébergée dans le centre d'affaires dont l'adresse figure sur la carte de visite mais uniquement deux fois et quarante-huit heures à chaque fois. La dernière fois, elle est partie sans laisser d'adresse et en demandant que le courrier arrivant soit stocké. Autant d'informations que je lui livre avant qu'il m'explique ce qu'il a obtenu de son côté.

— Bon, ton mec est une énigme. Son passeport existe bien et à ce nom, j'ai pu le vérifier. On trouve sa présence aux ASSEDIC, donc il a cotisé et bien comme cadre salarié. Il n'a aucun antécédent judiciaire. Rien, même pas un PV. Ni même le permis de conduire.

— T'es sûr ? Il a demandé à ce qu'on lui prête une voiture localement.

— Certain. Aucune trace, ni au fichier carte grise, ni permis, ni contravention… donc pas de permis valide en France. Et j'ai gardé le meilleur pour la fin…

— Je suis tout ouïe.

— Son état civil… est contrefait. J'ai appelé la mairie, il n'existe pas sur les registres.

— Tu penses la même chose que moi ?

— Je le crains. C'est trop bien fait pour qu'il s'agisse d'un escroc, ce n'est pas nous… donc c'est sans doute nos cousins !

En évoquant les « cousins », Félix pense à la DGSE. Le seul service avec les siens à pouvoir fabriquer de vrais-faux papiers pour des besoins opérationnels. Cela veut aussi dire, pour lui comme pour moi, le début des problèmes. « Mortier » ne va pas apprécier que je gêne une de leurs opérations même s'ils sont seuls responsables de la situation et les « représailles » risquent d'être rapides. Félix raccroche en se félicitant sans doute d'avoir prévenu sa hiérarchie en amont. Quoi qu'il arrive, il est couvert et on ne pourra rien lui reprocher.

Il ne me reste plus qu'à appeler Victor Delabatte, mon interlocuteur habituel à la DGSE, et l'informer de la situation en mettant les formes… Plusieurs services au sein même de la DGSE peuvent être à l'origine de la mission. Une chose est certaine : ils vont montrer les dents, c'est inévitable, mais autant éviter la confrontation directe tant que je ne suis pas certain de pouvoir l'emporter.

Chargé des relations avec les entreprises, entre autres, Victor est mon interlocuteur depuis quelques années. Victor est un civil perdu dans un monde de militaires. Il a le sens de l'État chevillé au corps. Son père, Hubert, fut une des légendes du SDECE – l'ancêtre de la DGSE – durant les années 1960. Il mourut au cours d'une opération alors que Victor n'était encore qu'un enfant. Il est d'autant plus sympathique qu'il m'est débiteur de quelques (bons) tuyaux obtenus par chance. Dans le cadre de nos bonnes relations, il a été entendu que je sois le point d'entrée unique de son service au sein de ma société et réciproquement. Une règle scrupuleusement respectée… jusqu'à preuve du contraire !

En temps normal, nous nous serions retrouvés dans une de nos cantines le long de la ligne de métro qui dessert Mortier, mais là je n'ai pas vraiment le temps et encore moins l'envie d'attendre. Cela se passera donc au téléphone, j'ai un numéro pour les urgences.

— Dis donc, tu n'as pas un mec perdu au Kaspia par hasard ?

— Je ne comprends pas le sens de ta question… me répond Victor l'air sincère.

— Karl, mon représentant au Kaspia, a un mec dans les pattes dont l'origine est douteuse.

— Si elle est douteuse il ne vient pas de cette maison, me lâche-t-il dans un éclat de rire.

— Victor, j'ai besoin de comprendre et éventuellement de prendre des mesures. Tu connais les contraintes de ce pays.

— Nous avons un accord, je n'en suis pas sorti ! Tu as ma parole.

— Tu t'engages pour toute ta boutique ?

— Pour ma direction et rien de plus. Et je peux t'assurer que si l'on avait des opérations au Kaspia je le saurais. Je ne te le dirais pas forcément mais je le saurais… et on n'a aucune raison de vouloir se fâcher avec toi sur un truc comme cela.

— J'espère. Mais le passeport dont j'ai une copie devant les yeux est un vrai-faux : l'adresse n'existe pas et l'état civil du mec est lui aussi falsifié et je ne parle pas du reste.

Le silence assourdissant me fait penser que la communication a été coupée ou que Victor a posé le téléphone.

— T'es tombé de ta chaise ? Raide mort ?

— Non, je réfléchissais, me répond immédiatement Victor. T'es sûr de ton coup ?

— Absolument certain et j'ai d'autres billes. L'identité est fausse, bien montée pour résister à un contrôle superficiel mais c'est tout. Et ne me demande pas si ce sont les cousins, j'ai déjà vérifié.

— Loin de moi cette idée ! Plus sérieusement, seuls les « polymusclés[1] » peuvent avoir fait cela. Ils gèrent les opérations dans leur coin, finit par lâcher Victor. Laisse-moi un peu de temps pour faire le point et je te rappelle.

— Combien de temps ?

Je n'ai pas envie de laisser retomber la pression sur mon interlocuteur.

— Deux heures ?

— OK.

Deux heures plus tard, c'est Karl qui m'apprend que son « touriste » a repris l'avion pour la France après l'avoir prévenu de l'aéroport. Victor, lui, m'appelle quelques instants plus tard pour me dire que les recherches se poursuivent mais qu'il ne peut toujours pas croire que son service soit impliqué dans l'affaire. Il essaie d'être convaincant mais cherche trop ses mots pour être totalement sincère. J'abrège la conversation : je n'ai pas envie de le mettre en situation délicate, ni de déclencher une guerre entre son service et ma société. Personne n'y aurait intérêt. La disparition du problème, du fait du départ de Jacques Boher, me suffit. Le reste n'est que très secondaire.

*

Quelques semaines plus tard, la rumeur me laisse penser que je n'étais pas loin de la vérité et que le fait d'avoir su refermer le dossier aussi vite qu'il avait été ouvert me vaut quelques

1. C'est ainsi que les civils de la DGSE surnomment les agents du service Action…

nouvelles et solides inimitiés mais rien de plus désagréable. Qui avait décidé de le faire rentrer, dans quel contexte ? Je ne le saurai jamais. Mon but était autant de les informer d'une dérive potentiellement dangereuse que de protéger mes équipes d'un éventuel scandale. Les autorités locales n'auraient sans doute pas hésité un instant à arrêter tout le monde au motif d'espionnage, l'occasion d'organiser un procès retentissant aurait été trop belle.

XV

Vous avez dit « commission » ?

— Je suis la gare de triage des commissions ! Croyez-moi si vous voulez mais c'est ainsi que ce Jérôme Catron s'est présenté en introduction de son exposé !

Bernard Dignac, qui me relate l'incident, est un cadre dirigeant habitué des atmosphères feutrées liées aux négociations des grands contrats internationaux, des contrats dont l'unité de mesure est la centaine de millions d'euros et dont la signature se fait en présence de ministres, voire de chefs d'État car ils sont considérés comme stratégiques.

Cela fait des années qu'il a abandonné les sièges de première classe d'Air France pour les jets privés. Son bureau, au luxe dépouillé, domine les toits de Paris. Seule la taille de la pièce et un tableau de maître rappellent le statut de l'occupant. Il aurait pu quitter la capitale pour le quartier d'affaires de la Défense, comme nombre de ses pairs du CAC 40, mais il déteste ces tours de verre et d'acier.

Quelques semaines après sa rencontre avec Catron, il n'en croit toujours pas ses oreilles. S'il n'est pas dupe de l'impérieuse nécessité d'avoir assez régulièrement à « huiler » les rouages – parfois les plus obscurs – du commerce international, il considère que leur mise en pratique n'est pas de son ressort, pour ne pas dire indigne de lui, et confie sa tranquillité à des avocats payés à prix d'or : le prix de la sérénité pour des juristes qui assurent limiter les risques au travers de montages toujours plus coûteux à mettre en œuvre.

En croisant Catron, Dignac a touché du doigt une réalité qu'il soupçonnait sans vouloir y être confronté de manière aussi ouverte. Pour lui, cela relevait presque de l'indicible. Le mélange de culot et de charisme du personnage l'a séduit autant qu'il l'a inquiété : en temps normal, les deux hommes ne se seraient jamais rencontrés, encore moins adressé la parole ; ils vivent dans des univers parallèles reliés par de rares et fragiles passerelles.

Pire, lorsque les deux hommes se croisent, ni l'un ni l'autre ne sait que le sort de Catron est déjà scellé. La justice a ouvert une enquête depuis plusieurs mois. Policiers et magistrats œuvrent dans l'ombre, accumulant des centaines de documents et des dizaines d'heures d'écoutes téléphoniques (judiciaires et donc légales, celles-là). Catron n'a pas su s'adapter aux nouvelles contraintes internationales et va devoir disparaître au nom d'une forme financière de sélection naturelle. Ce n'est qu'une question de temps et peut-être de politique.

Qu'il parle ou pas aux enquêteurs n'aura pas une grande importance. Le dossier constitué durant l'enquête sera largement suffisant pour le faire tomber. Pire, le magistrat n'aura qu'à tirer les fils de la pelote pour déstabiliser ses clients et animer la rubrique judiciaire durant des mois.

Pourtant, Catron n'est pas si différent d'Éric Caudie, l'homme de confiance de Dignac. Caudie est celui qui, depuis vingt ans, se charge des « affaires réservées », des basses œuvres. Il porte les « valises », gère les quelques coquilles vides installées dans des paradis fiscaux en toute confidence. Autant de missions menées sans laisser échapper le moindre commentaire si ce n'est une fois, au terme d'un dîner : « Dignac avait fait de moi un homme riche chez Xalis, ici, chez Coega, il a fait de moi un homme très riche. » Il aurait pu préciser que c'était la rémunération des éminents services rendus et non de simples cadeaux…

— Il ferait mieux d'être discret. Il n'y a pas de solution miracle, encore moins de gare de triage. La convention de l'OCDE sur la corruption des agents publics va mettre un terme à son petit commerce. Ces pratiques sont désormais d'un autre âge, dis-je, quelque peu surpris par ce que j'entends.

— Quel optimisme. Vous pensez que l'on vient d'éradiquer la corruption ! Ce n'est plus une convention internationale, c'est une baguette magique dont vous parlez ! ricane Dignac en allumant une énième cigarette.

— Si j'avais confiance dans l'âme humaine, ça se saurait ! Plus sérieusement je crois que les Américains ont réussi à nous imposer leur norme, celle du FCPA[1] ; et que nous n'avons pas pris la peine de nous y préparer, de mettre en place les contre-mesures requises avant que la loi ne soit votée.

— L'État nous aidera, comme toujours, me rétorque Dignac.

Il parle d'expérience…

Combien de fois a-t-il sollicité un déplacement d'un ministre, voire du président de la République, pour faciliter la signature d'un marché ? Ou, plus discrètement, fait savoir qu'il serait heureux de prendre part à tel ou tel déplacement

1. FCPA : *Foreign Corrupt Practices Act :* loi américaine sur la corruption des étrangers en vue d'obtenir un marché. Elle date de la fin des années 1970.

officiel pour « vendre » l'image de Coega. Issu de la haute fonction publique, Dignac a connu le revers de la médaille lorsqu'il était encore un jeune inspecteur des finances membre du cabinet ministériel.

— Attention, on sort du vide juridique qui servait tout le monde, l'État comme les entreprises. Le « pas vu, pas pris » n'est plus possible. Désormais le dirigeant devra répondre de ses actes, mais aussi de ceux de ses collaborateurs, devant la justice.

S'il est déjà trop tard pour canaliser l'énergie du législateur, un peu de lobbying devrait permettre d'atténuer les risques au moment de la rédaction des décrets d'application. Voire à reporter leur publication le temps que les entreprises s'adaptent. J'essaye de le convaincre en douceur. D'autant qu'en face une série d'ONG très bien structurées martèlent un discours chargé de bons sentiments sans que personne n'ose vraiment leur tenir tête. Elles aussi ont leur côté obscur, à commencer par le financement de leurs opérations, mais personne ne semble vouloir se distinguer en répondant aux attaques.

— Des engagements ont été pris par le politique. Ils ne nous laisseront pas tomber. Il est même envisagé que les autorités se chargent de nous aider à sécuriser les opérations. Comme pour les rançons des prises d'otages, reprend Dignac apparemment sûr de son fait.

— Soyons réalistes. Personne ne reprochera à une administration de sécuriser le paiement d'une rançon ; par contre, une commission… Et même si c'est le cas au début, pendant combien de temps cela durera ? Les élections ont lieu dans moins d'un an. Que va dire la prochaine majorité ? Vous jouez avec le feu, avec votre sécurité judiciaire.

— Vous voulez que je fasse la une du *Canard enchaîné* pour avoir financé une mission de lobbying contre les défenseurs de la vertu et de la transparence ? Un peu de sérieux !

Les grands mots sont lâchés. Pour vivre heureux, vivons cachés et courbons l'échine. La peur des médias est une constante dans les grands groupes. Nombreux sont ceux qui ne savent pas réagir devant l'exposition médiatique en dépit de « directions de la communication » pléthoriques qui ne sont d'ailleurs pas les plus à blâmer tant elles sont prises entre les luttes internes à l'entreprise et la pression de l'actualité.

— Je ne suis pas là pour faire la morale. Mon boulot est de vous prévenir des risques encourus. N'oubliez pas que cela concerne autant les contrats en cours de négociation que ceux déjà signés.

— La loi n'est pas rétroactive. Ce serait contraire aux principes du droit, lance doctement Dignac en regardant ses fiches.

— Certes mais chaque paiement renouvelle l'infraction et peut suffire à vous faire traîner dans la boue pour avoir respecté des accords qui parfois datent de plus de dix ans.

Un exemple que je ne prends pas à la légère. Je sais qu'au moins dans un cas ils rémunèrent deux consultants de manière trimestrielle pour leur rôle passé dans un accord industriel en vigueur depuis douze ans et qui ne prendra fin que trente-six mois plus tard. Dans les années 1980, des accords de ce type étaient fréquents… Ils permettaient d'éviter nombre de tracasseries administratives en liant la rémunération de « l'agent » à l'obtention du marché, à son déroulement et à son paiement par le client.

— J'ai confiance en la justice de mon pays, balance Dignac en plaçant sa main droite sur son cœur dans un mouvement dont le ridicule n'est atténué que par le grand sourire qu'il affiche.

Loin d'être inconscient, il ne pense pas un mot de ce qu'il vient de dire. Afin d'éviter les tensions inutiles, je me place sur le même plan que lui.

— Vous avez raison ! À ce stade, le risque n'est pas tant pénal que médiatique. Imaginez les conséquences d'une campagne soigneusement organisée sur le thème « Coega paie des commissions », relayée par les journalistes et les ONG. Là, en plus du *Canard enchaîné*, avec un peu de chance votre mise en examen fera l'ouverture du 20 heures de TF1.

Le visage s'est fermé. Si le ton demeure teinté d'un mélange d'autorité et de cynisme, il est en train de réfléchir. Cette fois l'argument a porté.

— Ce que pensent les médias… tente Dignac sans que je sache si c'est une simple pirouette ou le moyen de me relancer pour que j'aille au bout de ma réflexion.

— Je suis d'accord : l'opinion des médias n'est pas le cœur du problème. Mais êtes-vous prêt à subir une à deux années d'enquête judiciaire avec ce que cela implique de gardes à vue, de perquisitions, etc. Sans compter que vos clients hésiteront à négocier avec un groupe marqué du sceau de la corruption. Ne serait-ce que pour éviter les attaques sur le sujet.

— Tu vois tout en noir.

— On en reparlera lorsque tu seras mis en examen en tant que dirigeant pour une affaire remontant à dix ou quinze ans. Et encore si c'est devant une juridiction française et uniquement devant elle, tu pourras t'estimer heureux.

— Pourquoi dis-tu cela ?

— Parce que l'on ouvre la voie à des poursuites devant les tribunaux américains pour les sociétés cotées à New York.

— Tu es sérieux ?

— Oui, ça arrive à grands pas... La convention OCDE n'est que la traduction du FCPA et la loi Sarbanes-Oxley[1] arrive juste après. On va transcrire tout le droit américain dans ce domaine, ce n'est qu'une question de temps... sauf qu'eux ont déjà développé leurs propres chemins de traverse.

Il existe des dizaines d'exemples de négociations avortées parce que le client ne voulait pas prendre le risque d'une telle publicité. L'un des exemples les plus célèbres est sans doute celui de BAE qui, mis en cause dans le contrat Al-Yamamah[2], peine désormais à signer le moindre contrat d'envergure dans tout le Golfe. Pourtant, le gouvernement britannique est monté au créneau à plusieurs reprises en annonçant qu'il refuserait toute coopération sur ce dossier au nom de l'intérêt national. Un cas unique en Europe.

On pourrait aussi évoquer le groupe Delta, habitué aux marchés publics internationaux, dont le dirigeant confie, en privé : « Nous n'allons pas en Inde parce que le prix à payer est trop cher pour placer notre produit. Nous savons exactement qui il convient de payer et combien mais nous ne pouvons nous permettre un tel risque dans le contexte politique actuel. » Et, en disant cela, il ne pense pas uniquement aux jeux politiques internes de la plus grande démocratie du monde... ni à ceux qui animent le 8e arrondissement parisien.

1. Loi américaine sur la transparence en entreprise et la bonne gouvernance.
2. Le management de BAE (British Aerospace) aurait accepté de verser plusieurs dizaines de millions de livres sterling à des décideurs saoudiens pour favoriser l'acquisition du Tornado par l'Air Force saoudienne.

À l'autre bout de la chaîne, des groupes asiatiques, privés comme publics, ne se privent guère de rappeler qu'ils n'ont pas signé la convention de l'OCDE et ne sont donc pas liés par elle. Dire que c'est la seule raison de l'essor rapide du commerce Sud-Sud ou de la pénétration chinoise sur certains marchés serait excessif, mais il est indéniable que cet aspect pèse lourd lorsqu'une décision doit être prise. Certains de ces Asiatiques, en Afrique comme en Amérique latine, vont jusqu'à user de méthodes aussi rustiques que la bonne vieille valise de billets. Des procédés que les Occidentaux n'osent plus utiliser depuis près de deux décennies – ne serait-ce que du fait du contrôle croissant organisé par les États sur les flux d'argent liquide – mais qui n'ont pas d'égal pour convaincre sur certains marchés. Comme lorsque M. Ahmadinejad, le président iranien, s'amuse, en direct à la télévision locale, à faire état des fortunes accumulées par certains de ses rivaux et leurs protecteurs en quelques années. Des sommes sans rapport avec leur statut de fonctionnaire… Ce faisant, il savait aussi qu'il ouvrait la porte aux violences post-électorales.

Il faut toutefois reconnaître que la convention de l'OCDE a eu un effet non négligeable : les niveaux de corruption, qui avaient atteint des sommets dans les années 1990, ont considérablement baissé. Même dans les pays où de telles rétributions sont habituelles, le taux moyen a été réduit de manière significative. L'époque où les commissions occultes pouvaient atteindre 20 % du marché, voire plus, est révolue. La norme est désormais plus proche de 5 à 6 %.

Dans ce domaine, l'intervention des cabinets d'intelligence économique se situe à plusieurs niveaux. Le premier d'entre eux est la recherche d'informations sur les pratiques de la concurrence. Ensuite, et encore pas systématiquement, vient le fait de s'assurer que l'agent local – on pourrait aussi l'appeler l'intermédiaire, le sponsor, l'ESP[1], etc., selon le groupe dans lequel on se situe – est bien ce qu'il prétend être. Autrement dit, qu'il va bien transmettre les commissions à leurs destinataires et non les conserver par-devers lui. Qu'il en conserve une part est dans l'ordre des choses, mais le risque majeur, ou du moins perçu comme tel, est qu'il soit de mèche avec des Français et qu'une partie des fonds reviennent sur le territoire national afin de financer une campagne électorale par exemple, mais aussi – parfois – le bas de laine du commercial. C'est ce que l'on nomme pudiquement les rétrocommissions. Un cas de figure qui n'est pas aussi rare que certains veulent bien le dire.

1. *External Service Provider*, « fournisseur de services extérieurs ».

XVI

Le prix d'un homme

— Tu connaissais Arthur Pinot ? me demande le directeur des affaires internationales de Mandrax.

Mandrax est un groupe industriel réputé intervenant dans près de cent vingt pays. Certains de ses produits sont des leaders mondiaux sur le créneau. Autant dire qu'ils sont quasi incontournables. Son directeur des affaires internationales, Aimé Ferrat, est une vieille connaissance. Il nous sollicite régulièrement dans le cadre de ses activités. Pour des missions intéressantes mais guère périlleuses. Le groupe semble installé dans une forme de routine liée à la concurrence très limitée que connaissent ses produits.

Il a baissé la voix pour poser la question. Pourtant, nous sommes seuls dans le secret de son bureau. Il ne me regarde pas mais fixe la tasse d'expresso posée devant lui. Ce n'est pas dans ses habitudes. Les portes capitonnées sont fermées et, étant donné l'heure tardive, les locaux sont déserts. Son assistante était déjà partie lorsque je suis arrivé.

— Oui, depuis une petite dizaine d'années. J'ai appris son décès il y a quelques semaines. Un accident d'avion je crois. Nous nous étions un peu perdus de vue depuis son installation à Kuala Lumpur il y a cinq ans.

— Oui. Il était aux commandes de l'appareil. Il laisse une veuve. Que tu connais aussi ?

Je me demande pourquoi il pose la question alors qu'il en connaît la réponse.

— Maryse ? Ouais. J'étais à leur mariage comme toi. Mais je ne vois pas où tu veux en venir.

— Tu as une idée de ce que faisait Arthur à Kuala Lumpur ?

— Il s'occupait de votre service après-vente, assurait l'entretien de vos systèmes installés et quelques travaux de localisation. J'ai visité son labo de Djakarta, une cinquantaine d'informaticiens occupés à produire du code pour vos produits. Et sans doute un peu de commercial : il avait un carnet d'adresses important et c'était un vendeur dans l'âme, même s'il s'en défendait. Visiblement pas de problème de trésorerie. Cela semblait même florissant. – La maintenance était la partie émergée de l'iceberg. C'était un prétexte, une couverture pour justifier les relations et les flux financiers entre Mandrax et la dizaine de sociétés qu'il avait créées, me dit Ferrat en sortant un petit bristol de sa poche avant de le poser devant lui.

La fiche est couverte de son écriture soignée. Des lignes serrées, écrites au crayon de papier. Il la fixe sans me regarder.

— Je ne comprends pas… ou plutôt je crains de comprendre !

— Pinot nous aidait à conclure des marchés. Il se chargeait de faire tomber les dernières réticences.

— Épargne-moi ce genre de discours sibyllin, s'il te plaît. Nous savons toi comme moi ce que cela veut dire : il portait les valises, au figuré, bien sûr. Et si cela peut te rassurer, Arthur n'était pas du genre à écrire ses Mémoires, ni à avoir déposé un dossier explosif chez un avocat au cas où…

— Ah ça, c'est sûr, il n'écrivait pas ! C'est bien le problème… me lance Ferrat en secouant la tête de gauche à droite.

— Pardon ?

— Nous avions versé sur un de ses comptes une dizaine de millions de dollars destinés à un de nos « clients » et personne ne sait où ils sont passés. Certains, ici au siège, ont même pensé que Pinot a organisé un faux accident pour disparaître avec la caisse, d'autres qu'il a été assassiné par quelqu'un qui voulait mettre la main sur le magot.

— Tu as des doutes ? J'ai cru comprendre qu'il n'y en avait pas mais je ne me suis pas intéressé au dossier d'un point de vue professionnel.

— Non, non, nous avons la certitude qu'il est bien mort, que c'est son corps qui est enterré ; et puis on préfère éviter de remuer la vase. Tu imagines l'effet d'une quelconque publicité.

— Tu veux dire qu'il était votre blanchisseur et que vous ne maîtrisiez pas le circuit. Vous êtes tous les mêmes. À force de vouloir faire sans vous salir les mains, vous vous mettez dans des situations impossibles.

Je me retiens de lui raconter l'aventure arrivée à ce groupe qui, pressé de payer une commission (le cas n'est pas si fréquent) de quelques centaines de milliers d'euros, a transmis un ordre de virement en se trompant sur l'identité du destinataire mais non sur les coordonnées bancaires. Le « sous-traitant », ignorant les détails de la négociation, a effectué les virements en respectant scrupuleusement les consignes données. Les fonds ont donc « tourné » quelques jours avant que la banque ne les renvoie à l'émetteur, faute de cohérence entre l'identité déclarée et le titulaire du compte dont les coordonnées étaient indiquées, non sans le signaler aux autorités locales. Ce qui a suscité l'ouverture immédiate d'une enquête et entraîné l'arrestation quelques jours plus tard du véritable propriétaire du compte. Acculé par les évidences, il n'eut d'autre choix que d'avouer avoir accepté de l'argent en échange de pressions sur le comité technique dont il était membre, et d'avoir favorisé l'offre française. Il se pendit dans sa cellule une semaine avant le procès qui risquait de le condamner à dix ans de prison ferme.

— À peu de chose près. Il nous émettait des factures, recevait les fonds, prélevait ses frais et se chargeait de régler l'intermédiaire. Un système rodé en quelques mois et qui était censé nous placer à l'abri… autant te dire que je suis dans la merde.

— Tu n'as aucun *back-up* ?

— Rien. Cela avait été jugé trop coûteux à l'époque. Et maintenant non seulement on ne sait pas si on récupérera le fric un jour, mais en plus on a un de nos sponsors qui hurle à la mort parce qu'il n'a pas eu son fric et menace de tout balancer à des journalistes.

— Tu crois qu'il est sérieux ?

— J'en suis convaincu… Il n'a pas le choix s'il veut se préserver. Et *in fine* il ne craint pas grand-chose tant son poids politique est important.

Comme souvent depuis l'entrée en vigueur de la convention OCDE, le nombre de bénéficiaires de commissions est limité au strict minimum afin de ne pas multiplier les virements. Aussi, celui qui reçoit localement est chargé de gérer le partage entre ceux qu'il connaît. L'inconvénient est qu'en cas de problème non seulement il n'est pas payé mais en plus il doit se charger d'expliquer aux membres de son réseau pourquoi ils ne touchent pas leur part. Autant dire que la fois suivante, s'il y en a une, la méfiance est de règle. Voire les représailles de rigueur. C'est ce qui se serait passé dans le cas de la vente des sous-marins au Pakistan, si l'on en croit le rapport Nautilus rédigé par un consultant bien connu, affirmant que les Pakistanais privés de leur dessous-de-table se seraient vengés en faisant sauter le bus des ouvriers de la DCN à Karachi le 8 mai 2002.

— En résumé, ta marge va en prendre un sacré coup.

— Tu n'y penses pas ! Impossible de sortir deux fois les fonds du projet. Il faut que l'on trouve une solution.

— Désolé, mais je ne vais pas pouvoir faire grand-chose pour toi. J'ai arrêté de fabriquer de la fausse monnaie, dis-je en espérant détendre un peu l'atmosphère à couper au couteau.

À sa moue, je comprends que Ferrat ne goûte pas mon humour ce soir. Il est tellement stressé qu'il transpire malgré la clim qui maintient une température polaire dans son bureau.

— Tu ne voudrais pas aller voir Maryse et parler avec elle ?

— T'es sûr de vouloir le faire maintenant ? C'est pas un peu rapide… on devrait attendre un peu, une sorte de délai de décence. Là on sera uniquement dans l'émotionnel.

— Pas le temps. Tu ne te rends pas compte de la situation.

— Quelle est ma légitimité ? Prendre de ses nouvelles à titre amical est facile, prétexter d'un passage à Kuala pour la rencontrer est toujours possible. Mais elle ne me parlera pas des affaires d'Arthur… si tant est qu'elle soit au courant d'ailleurs. Certes, ils travaillaient ensemble mais ce n'est pas pour autant qu'Arthur lui confiait tous les détails. Je suis même convaincu du contraire.

— Écoute, on a besoin d'y voir clair. Et je suis prêt à prendre le risque de t'envoyer là-bas à mes frais juste pour voir. Si on fait chou blanc ce sera pour moi.

— OK. Je vais voir si Maryse accepte de me recevoir. Je n'irai pas si elle ne veut pas et je n'ai pas l'intention de lui raconter une fable. C'est à prendre ou à laisser.

— Tu fais comme tu veux. Je n'ai personne d'autre sous la main et j'ai besoin de savoir au plus vite ce qui a pu survivre à Pinot. En un mot, ses intentions à elle pour la suite.

— Vous voulez qu'elle marche dans les traces d'Arthur ?

— Je ne suis pas le seul à décider, tu t'en doutes. Pour l'instant, on veut savoir si nous sommes face à une bombe à retardement, à un trou noir, ou à une autre forme de danger quelconque.

— Connaissant Maryse, je doute qu'elle ait envie d'entrer en conflit avec vous. Elle aura besoin de vivre mais ce n'est que mon sentiment. Je vais aussi sonder deux ou trois gars dans le réseau d'Arthur, des amis communs. Si quelque chose transpire, cela devrait m'être dit.

— Combien de temps ?

— Deux semaines ?

— Si tu ne peux pas faire mieux…

— Il n'y a pas le feu ! Tu sais comme moi qu'il vaut mieux éviter de donner un sentiment d'urgence… D'autant que les curieux vont regarder comment l'entreprise se restructure, si elle peut survivre à Pinot. Je ne veux pas donner l'impression de faire des ronds en l'air avec les vautours. Ce serait pire que tout.

En me raccompagnant à l'entrée, Ferrat finit par me glisser qu'il a peur que cette situation soit utilisée contre lui dans le cadre de rivalités internes et que cela l'inquiète au moins autant que de remettre la main sur les fonds. Dans un groupe en pleine restructuration, son poste suscite jalousies et appétits. Et c'est de cela qu'il veut se prémunir autant que du magistrat.

*

Contrairement aux craintes, Arthur Pinot en homme avisé avait mis de l'ordre dans ses dossiers et sa veuve est fermement aux commandes. Mandrax évite de peu un problème coûteux qui n'aurait été que le reflet de montages douteux par leur manque de professionnalisme, mais cela personne ne le dira en face au management dont les membres continueront à penser que tout va bien dans le meilleur des mondes.

Je te tiens, tu me tiens…

Il est courant de dire que le capitalisme français est incestueux, que la composition de certains conseils d'administration tient plus à des affinités personnelles qu'à autre chose. Un avantage quand tout va bien qui peut se transformer en véritable cauchemar lorsque les relations se tendent.

Un des cas les plus symptomatiques est sans doute celui des derniers mois de Jean-Marie Messier à la tête de Vivendi. En dépit de l'efficacité du service de sécurité de Vivendi, qui avait été jusqu'à s'assurer le contrôle des différents points hauts permettant d'avoir une vue directe sur le bureau de « J6M », plusieurs équipes d'APR « travaillèrent » sur lui durant des semaines, épiant le moindre de ses faits et gestes, mais aussi ceux de ses proches de l'époque. Des rapports furent constitués et circulèrent dans certains conseils d'administration dans le seul but de le décrédibiliser. L'hypothèse d'une liaison avec une starlette en quête de financement fut évoquée… tout comme des recherches furent menées sur les liens de celle qui était alors l'épouse de Jean-Marie Messier avec plusieurs associations caritatives dont la Fondation d'Auteuil.

Le cas de Jean-Paul Béchat, ex-président de Safran, poussé vers la sortie de la société au terme d'une campagne parti-

culièrement ordurière, devrait aussi être étudié avec soin par certains managers un peu trop sûrs de leur pouvoir.

Cette pratique se répand peu à peu chez les cadres dirigeants et incite certains à enquêter sur le voisin de bureau, voire sur le chef, au cas où. C'est le cas d'un directeur de la stratégie qui a mandaté plusieurs cabinets d'intelligence économique sur des missions plus ou moins réelles mais réglées au prix fort pour s'assurer que ces prestataires n'interviendraient pas au profit de ces rivaux au sein du groupe. Et, dans le contexte actuel de transparence à outrance, le prétexte est aisé à trouver : soupçon de corruption, de débauchage, etc. Le budget non plus n'est jamais très difficile à trouver, tant la culture de l'externalisation se développe vite dans les groupes.

XVII

L'ennemi est dans la place

Un après-midi à ne pas mettre un consultant dehors. Il tombe des hallebardes d'une eau froide et pénétrante. Le ciel est uniformément gris, pas la trace d'un espoir d'embellie. Le soleil doit être aux abonnés absents.

La réunion dure depuis près de quatre heures. Quatre heures de tensions et d'échanges à fleuret moucheté entre les participants. La mission est un échec patent dont personne ne veut porter la responsabilité que ce soit parmi les cadres de Mars Dynamics, groupe industriel stratégique européen, ou les trois consultants. Chacun tente de faire valoir ses arguments pour mieux défendre la qualité de son travail.

L'analyse *post mortem* – souhaitée par tous, au moins officiellement – s'est transformée en une pénible séance d'autojustification digne des pires heures du communisme. Plus grave, il est impossible de déterminer avec précision les motifs premiers de l'échec dans ce fatras verbeux. Conscient qu'il agissait en pure perte, que ses efforts étaient vains, Franck Murat, le chef de projet lève la séance avant que la tension, déjà palpable, ne devienne insupportable. Franck est mon client depuis cinq ans, à défaut d'amitié réelle nous avons développé une certaine complicité. Cela s'est aussi traduit par quelques beaux succès et désormais un second échec à notre actif. Les règles de la statistique nous sont donc encore favorables.

Prétextant l'interdiction formelle de laisser un visiteur circuler seul dans les locaux, il me raccompagne jusque dans le hall et, une fois les oreilles indiscrètes à distance respectable, il se tourne vers moi et me dit, sans bouger les lèvres et d'une voix à peine audible :

— Tu es au courant de ce qui est arrivé à Pierre Enguerrand ?

Pierre Enguerrand, la petite soixantaine hautaine, est une compilation de ce que l'administration sait produire de mieux et de pire ! Diplômé de l'ENA, passé par les cabinets ministériels socialistes à la Défense comme à Matignon, il n'écoute plus rien ni personne d'autre que son ego depuis des années. Peu apprécié de ses pairs, il est marginalisé au sein même de sa direction, au point que la suppression de son poste est régulièrement envisagée sous les prétextes les plus variés. Une suppression empêchée jusqu'à ce jour par la grâce de quelques rares amis bien placés. Franck et Enguerrand se détestent et peinent à préserver les apparences.

— Pas du tout. Il a un souci ? Tu sais, il ne m'adresse jamais la parole et me serre à peine la main. Sans doute parce que l'on se connaît…

Une petite lumière rouge s'est allumée dans ma tête. Franck est un homme prudent, habitué des jeux de pouvoir et des manipulations à plusieurs niveaux. Rien n'est jamais totalement innocent avec lui. Son air patelin et sa faconde dissimulent mal une intelligence vive et retorse qui a fait de lui un compétiteur de premier plan aux échecs. Aussi rusé qu'ambitieux, il est aussi rancunier. Je ne sais pas où Franck veut amener la conversation.

— Son habilitation « secret défense » est tombée. Nous avons reçu la notification écrite avant-hier. La nouvelle s'est répandue comme une traînée de poudre en interne. Cela fait des gorges chaudes, me lâche-t-il avec un sourire carnassier.

Satisfait de son petit effet, Franck reprend son souffle avant de m'expliquer le motif de cette sanction. Pierre Enguerrand, Ping pour les intimes, aurait perdu son habilitation à cause de sa compagne, une étrangère, présentée comme trop liée à un SR asiatique pour que cela soit innocent. L'accusation est d'autant plus grave qu'elle est portée par un service de renseignement dont on peut penser qu'il est étranger aux jeux de pouvoir qui agitent Mars Dynamics. Sans compter que, compte tenu de la personnalité de Pierre Enguerrand et de son réseau relationnel, la décision a sans doute été prise après moult discrets avertissements et que les fonctionnaires se sont couverts en demandant l'aval des autorités. La mesure – on pourrait parler de sanction – est exceptionnelle. Les précédents peuvent se compter sur les doigts car ils sont très rares.

— P… ! Il est fini. Cette fois-ci, c'est la retraite assurée. Je ne vois pas comment il pourrait s'en relever.

— Oui, privé d'habilitation il ne peut plus prendre part aux réunions les plus importantes de sa propre direction. Et je peux te dire que des ordres ont été donnés pour que cela soit appliqué à la lettre. Autrement dit, il ne peut plus diriger sa boutique et ne peut plus accéder physiquement à certains bâtiments. Il est devenu une sorte de paria informationnel.

— Il n'est pas le seul dans ce cas au sein de Mars Dynamics ! dis-je en évitant soigneusement le regard de Franck dont je sais pertinemment que ce n'est pas le genre de commentaire qu'il apprécie.

— Je ne peux pas te donner tort… Ce n'est plus un groupe industriel, c'est l'auberge espagnole des services de renseignement ! Chacun fait ses courses pour son pays et *in fine* le groupe peine à afficher une stratégie claire mais aussi à gagner certains contrats.

Lui comme moi savons que d'autres cadres du groupe ont été confrontés non pas à des retraits d'habilitation mais à des refus purs et simples. C'est le cas de Barbara, une Nord-Américaine trop liée aux services de son pays pour qu'il ait été jugé possible de lui autoriser l'accès à certains des centres de recherche dont elle a la responsabilité. Un cas parmi d'autres dans ce groupe international où nombre de dirigeants sont soupçonnés de poursuivre des ambitions personnelles, ou même nationales, plutôt que de défendre les intérêts du groupe. Les accusations dans ce domaine sont sur toutes les lèvres et incessantes. C'est aussi une méthode de management : les cadres sont promus ou écartés en fonction des réseaux nationaux qu'ils sont censés servir… Pendant ce temps, les programmes accumulent les retards et le titre se traîne en Bourse en dépit des tentatives de réorganisation menées par les actionnaires.

— Tu veux que je fasse quoi de l'info ? Il faut lui donner de l'écho ou c'est juste pour mon info personnelle ?

— Ce que tu veux. Mais je nierai t'en avoir parlé ! D'ailleurs je ne parle qu'en présence de mon avocat, me répond Franck dans un grand sourire et en reculant d'un pas.

La conversation est terminée. Il a passé son message. Il est noté dans un coin de ma tête et je déciderai plus tard si j'en fais usage ou pas et dans quel contexte. Franck ne s'attend pas à ce que je refile le tuyau à un journaliste ; pas plus qu'il ne cherche à succéder à Ping. Ses enjeux sont autres et lui sont propres. De toute façon, vu les ennemis que collectionne

Enguerrand, l'information ne tardera pas à faire le tour des dîners parisiens informés. Les gens se gausseront, certains en profiteront pour l'assassiner d'autant plus violemment qu'ils auront à faire oublier leur amitié passée, d'autres tenteront de prendre sa défense avec plus ou moins de succès.

Mais le véritable enjeu n'est pas là.

En faisant les quelques pas qui me séparent de ma voiture, sous une pluie battante, je ne peux m'empêcher de m'interroger sur la finalité de tout cela. Enguerrand a sans doute été la victime d'une guérilla franco-française plutôt que d'une véritable mesure de sécurité. D'ailleurs, il y a fort à parier qu'il devrait rapidement obtenir la reconduction de son habilitation – au besoin en tirant quelques ficelles dans les coulisses ou en agitant un des cadavres qui occupent ses placards et qui pourraient empêcher des décideurs français de dormir, voire les envoyer passer quelque temps derrière les barreaux. Une forme d'équilibre de la terreur.

En attendant, ce groupe industriel est neutralisé par les conflits de personnes et transformé en maison de verre par les solidarités et autres liens plus ou moins occultes des uns et des autres. Certes, les commerciaux signent encore des marchés… Mais de plans d'économies en restructurations, le groupe devient l'ombre de lui-même sans que personne ne semble réellement s'en émouvoir. Malgré la poignée d'analystes qui l'ont remarqué, la grande majorité semble être anesthésiée car elle fait preuve d'une absence quasi totale de réaction alors que les nuages s'accumulent au-dessus de l'avenir du groupe, promettant des turbulences sans précédent. D'un côté, certains projets n'arrivent pas à quitter la planche à dessin, alors que d'autres peinent à convaincre tant les prototypes ont été personnalisés pour les besoins d'un client précis et ne trouveront pas leur marché sans de très lourdes et coûteuses adaptations à un contexte plus générique. Là aussi, il faut s'adapter ou disparaître.

Conclusion

Au moment de conclure, plusieurs nouvelles se télescopent : l'exécutif vient de décider de ne pas reconduire le poste de haut responsable à l'intelligence économique, autrement dit de mettre un terme à l'effort gouvernemental en matière de coordination et – surtout ? – de pédagogie. Le législateur s'apprête à débattre de l'encadrement de l'activité au travers de la Lopsi 2. Le débat sur la Lopsi 2 pourrait être reporté de plusieurs semaines à nouveau. Au même moment, la chronique judiciaire s'anime avec plusieurs procès, dont celui de l'affaire clearstream. Pendant ce temps, l'intelligence économique est en accusation. Face à nombre de procureurs et pas – ou peu – de défense.

Dans ce contexte, prendre la plume s'imposait. Non pas pour rédiger un plaidoyer, ou régler des comptes, mais exposer le quotidien d'un acteur de l'intelligence économique. Avec ses hauts et ses bas, ses succès et ses échecs. Afin de permettre au lecteur de se forger une opinion et de juger par lui-même.

Les dérapages existent – pourquoi le nier ? – mais ne sont-ils pas les erreurs de jeunesse d'une profession qui cherche encore ses repères, les limites de son univers ? Les comportements fautifs ont toujours existé, contrairement à ce que certains veulent faire croire. L'intelligence économique n'a fait que les placer sous les feux des projecteurs ! Il ne faut pas s'y tromper : un flic qui touche une enveloppe d'un APR n'est ni plus ni moins répréhensible que son « collègue » dont l'indulgence à l'égard d'une prostituée ou d'un délinquant serait négociée contre monnaie sonnante et trébuchante, ou même contre avantage en nature.

Dans le même temps, l'État qui ne cesse de faire reculer les limites du régalien doit être conscient que, la nature ayant horreur du vide, toute parcelle de territoire abandonnée sera conquise par le privé. D'autant que des attentes existent et qu'elles sont tout à fait solvables. Nos entreprises ont besoin d'intelligence économique pour lutter à armes égales face à leurs concurrents internationaux.

Dès lors, le bras armé de l'État, en l'occurrence la DCRI, ne peut s'installer dans la forme de schizophrénie qui est aujourd'hui la sienne : vouloir être juge et partie, qui plus est sans s'en donner les moyens. Elle doit fixer une ligne de démarcation une fois pour toutes et comprendre où se situe l'intérêt commun, et aussi ceux des acteurs privés. Or, les prises de position récentes sur le pantouflage (le passage de fonctionnaires vers le privé) ne vont pas dans le bon sens. Interdire au policier de rejoindre des cabinets d'intelligence au lieu d'encadrer la démarche est un non-sens. Le marché manque trop d'experts confirmés pour se priver de telles compétences.

Demain, si l'on n'y prend pas garde, les acteurs français s'expatrieront vers les pays limitrophes – Luxembourg, Suisse, Angleterre – voire vers de nouveaux territoires à la croisée des routes commerciales internationales – Dubaï, Singapour, etc. – afin de se placer hors d'atteinte des autorités françaises. À l'image des cabinets anglo-saxons jamais poursuivis pour leurs agissements sur le territoire national. Le problème n'aura pas été réglé, il aura juste été déplacé.

Un des défis de l'intelligence économique française – on pourrait dire gauloise, voire franchouillarde, tant elle est aujourd'hui aux prises avec des considérations surannées – est de réussir son internationalisation. L'incapacité des acteurs à passer les limites du territoire national afin de s'inscrire dans la dynamique de la mondialisation. Au début des années 1990, la France a fait le choix de ne pas prendre le virage des fonds d'investissement, qu'il s'agisse des *hedge funds* ou des fonds souverains. En peinant à prendre celui de l'intelligence économique, elle se placerait dans une ornière dont elle aurait les pires difficultés à s'extraire. Ou au moins dans une situation impossible qui réduirait nos entreprises à jouer les utilités à très court terme. Voire à être reléguées en seconde division avec tout ce que cela implique : sortie du G8, peut-être du Conseil de sécurité de l'ONU (au profit d'un siège européen), etc.

Le patriotisme économique, désormais mis en avant par certains, n'a pas plus de sens qu'un retour au protectionnisme, ou même au colbertisme, à l'heure de la financiarisation de l'économie. Une politique nationale a-t-elle encore un sens alors que nos champions ne sont plus – ou si peu – nationaux ? Une simple revue du capital des groupes du CAC 40 permet de le vérifier. Ainsi, une des questions pour demain est-elle d'aider Toyota à produire en France ou, au contraire, Renault à produire… en Corée (en Iran, ou en Slovénie), au détriment de l'emploi et de notre balance commerciale ? Nous n'en sommes plus à éviter de désespérer Billancourt : Billancourt n'est plus ! Même s'il est politiquement incorrect de le dire. Tout comme de remarquer qu'aujourd'hui Thales, champion national par excellence, dépend bien plus pour sa survie des commandes britanniques que des diktats parisiens!

Ce ne sont pas les rodomontades gouvernementales au moment des rumeurs de projet d'OPA sur Danone qui ont impressionné qui que ce soit, pas plus que la création du FSI, le Fonds stratégique d'investissement de la Caisse des dépôts, présenté comme un fonds souverain mais doté d'un capital plus proche du pourboire (et encore il a été abondé par des structures arabes amies) que des sommes à la disposition des fonds Mubadala[1], Adia ou QIA.

Très récemment, le dirigeant d'un groupe (public) français de premier plan s'interrogeait sur le bien-fondé de l'énergie dépensée pour signer un marché de plusieurs milliards d'euros alors que près des deux tiers iraient directement dans les caisses de groupes américains! Là est sans doute la question qu'il faut se poser avant de fixer une politique digne de ce nom. Sous peine de se limiter, une fois de plus, à un vulgaire replâtrage, un cache-misère sans commune mesure avec l'ambition affichée et les attentes d'industriels qui craignent d'être en sursis. Que se passera-t-il demain si les Chinois de Sinopec passent à l'assaut de Total ou la filiale américaine de Michelin décide de racheter la maison mère? L'État pourra-t-il dépasser le stade des gesticulations?

Les expériences menées au cours des quinze dernières années ne sont pas toutes bonnes, loin s'en faut, mais il faut prendre garde de ne pas non plus jeter le bébé avec l'eau du bain: certaines pourraient utilement aider à la réflexion d'une démarche nationale alliant public et privé dans une sorte de partenariat, car à n'en pas douter il n'y a pas d'autre voie.

1. Mubadala et Adia sont des fonds émiratis, QIA celui du Qatar.

Table des matières

Comment devient-on espion ?

Yvonnick Denoël

Même s'il n'a en réalité rien du « glamour » de James Bond, le métier d'espion continue de fasciner le public, et en particulier les adolescents. Qui et comment les "services" recrutent-ils ? Quelles qualités faut-il pour faire un bon espion ? Les métiers du renseignement fascinent mais restent méconnus. Pour la première fois, un ouvrage lève le voile sur cet univers, de façon documentée et précise.

Renseignement militaire, contre-espionnage, service action, opérations spéciales ou clandestines : informé aux meilleures sources, ce livre décrit les rouages du métier et les modes de recrutement des plus importants services de renseigement extérieur : le MI-6 (Grande-Bretagne), la CIA (Etats-Unis), le Mossad (Israël) et la DGSE (France).

La sélection des recrues est ici expliquée en détail : concours et entretiens, sélection des profils, tests psychologiques, enquêtes de personnalité et d'environnement, etc. On y révèle les méthodes de formation aux différentes fonctions : recherche et analyse, écoute et cryptographie, surveillance, recrutement et traitement de sources à l'étranger... ainsi que les formations de type "action".

Le lecteur découvrira enfin la vie d'un apprenti espion, les carrières possibles, avec leurs avantages et leurs servitudes. Tous les sujets sont traités sans tabou : fait-on fortune dans le renseignement ? Peut-on concilier vie privée et missions secrètes ? Quels profils sont les plus recherchés ? Une femme a-t-elle les mêmes chances qu'un homme ?

128 pages (format poche) | 13 euros | ISBN 978-2-84736-440-8

Jeux de Chine

Daniel Hervouët

Beijing août 2008. Qui pouvait imaginer que la plus grande prise d'otages de tous les temps surviendrait en Chine, pendant les Jeux olympiques ? Pour Adrien Laurent, ancien du service action de la DGSE, la mission semblait sans risques : assurer la sécurité d'une industrielle de l'armement venue prospecter un marché chinois sous embargo. Tout était parfaitement huilé pour une visite paisible qui permettrait à Adrien d'améliorer ses finances après un divorce ruineux… Cependant, lors la cérémonie d'ouverture des Jeux Olympiques, un drone vient s'abattre en pleine tribune présidentielle. Qui est mort ? Qui est blessé ? C'est la panique. Des dizaines de milliers d'Occidentaux sont sous contrôle de l'armée. Désormais, plus personne ne peut quitter la ville olympique. Toutes les chancelleries sont en alerte, mais face à un pouvoir chinois divisé, elles n'ont que peu d'atouts dans leur jeu. Attentats, complots, doubles jeux… Thriller implacable et palpitant, Jeux de Chine imagine avec une troublante vraisemblance l'une des plus grandes catastrophes géopolitiques possibles aujourd'hui, tout en offrant un regard inédit sur la Chine.

335 pages | 20 euros | ISBN 978 84736-310-4

Mercenaires de la République

Franck Hugo - Philippe Lobjois

« Nous sommes la main gauche de l'état. Celle que ne voyez jamais, celle qui agit dans l'ombre. Personne ne nous connaît. » X sait de quoi il parle. Depuis plus de 15 ans, il fait partie de ces « structures clandestines parallèles » qui servent l'Etat français dans tout ce qui n'est pas avouable publiquement. Plus qu'une barbouze, plus qu'un homme de main, c'est un mercenaire. Issu de l'armée française, après avoir servi en Irak en 1991, à 21 ans, il décide de rejoindre la guérilla karen en jungle birmane. En 1991, il partira en Yougoslavie ou il combattra côté bosniaque, dans une des rares brigades internationales d'alors. Repéré par les gens du milieu, il va devenir mercenaire pour l'état français. Débarquement aux Comores, chute de Mobutu au Zaïre, renversement d'alliance au Congo-Brazza, coup d'état en Côte d'ivoire, le continent africain est en pleins soubresauts. En 2001, le 11 septembre change la donne mais il faudra attendre la guerre en Irak pour qu'il reprenne du service. X rejoindra l'armée privée de « contractors » envoyés en Irak pour sécuriser le pays. En 2004 et 2005, Christian Chesnot, Georges Malbrunot, et Florence Aubenas sont enlevés. Grâce à son réseau de contacts, il sera le premier à rencontrer le chef des ravisseurs. En liaison avec les services secrets, il participera à toute la phase d'identification et localisation. Un récit explosif, une plongée sans précédent dans le petit monde des mercenaires français.

450 pages | 22 euros | ISBN 978-2-84736-254-1

www.nouveau-monde.net

nouveau monde
éditions

Michael Müller
Erich Schmidt-Eenboom
HISTOIRE DES
SERVICES SECRETS
ALLEMANDS
nouveau monde